Schafft die Pensionierung ab!

Eine Streitschrift von Felix E. Müller

VOIMA Verlag

Lektorat: Liliane Ritzi
Covergestaltung VOIMA Verlag

EU-Kontaktadresse/Produktsicherheit gem. GPSR:
Westarp Verlagsservicegesellschaft, Stendaler Str. 2,
39326 Hohenwarsleben, Deutschland, va@westarp.de

ISBN 978-3-907442-51-7

voima-verlag.ch

Inhalt

Vorwort

Es ist mir wichtig, an dieser Stelle ein mögliches Fehlurteil aus dem Weg zu räumen: Bei dieser Streitschrift handelt es sich nicht um den Seelenschrei eines Frustrierten. Denn was die Pensionierung betrifft, bin ich die Ausnahme, welche die Regel bestätigt: Ich wurde erst mit 67 Jahren als Chefredaktor pensioniert und habe danach mit einem festen Vertrag in einer anderen Funktion weitergearbeitet, allerdings mit einem reduzierten Pensum. Doch ich konnte beobachten, wie um mich herum gesunde, leistungsfähige und leistungswillige Menschen ungefragt in den Ruhestand geschickt wurden. Dies erschien mir angesichts der Klagen über Fachkräftemangel und sinkenden Arbeitskräftepool zunehmend als absurd. Die Schweiz ist dringend auf Menschen angewiesen, die länger arbeiten. Zudem sollte jede Person das Recht haben, selbst zu bestimmen, wann sie aus dem Arbeitsprozess ausscheiden will. Dass diese urliberale Haltung in der Politik keinen Rückhalt findet, dass die Politik völlig blockiert ist, um sinnvolle Reformen für das Pensionierungswesen in der Schweiz zu finden, war mein Antrieb, dieses Buch zu schreiben. Das Thema ist zu wichtig, als dass es der Politik überlassen wird. Als Streitschrift will es eine Aufforderung an die Bevölkerung sein, sich in die Debatte einzuschalten.

Bedanken möchte ich mich an dieser Stelle bei Melanie Häner-Müller vom Institut für Schweizer Wirtschaftspolitik (IWP) für die kritische Durchsicht des Manuskripts.

Felix E. Müller
Zürich, im Oktober 2025

1. Wie wird man heute in der Schweiz pensioniert?

Es gibt nichts Unsinnigeres als die Art und Weise, wie in der Schweiz heutzutage Arbeitnehmerinnen und Arbeitnehmer pensioniert werden. Laut einer Studie der Lebensversicherungsgesellschaft Swiss Life von 2021 arbeitet etwa die Hälfte der Menschen bis zum Alter von 65 Jahren entweder zu hundert Prozent oder im ursprünglichen Pensum. Damit werden sie von ihren Arbeitgebern als absolut leistungsfähig angesehen, als eindeutig in der Lage, ihre beruflichen Pflichten zur vollen Zufriedenheit auszufüllen – bis zum letzten Tag des letzten Monats vor Beendigung ihres Arbeitsverhältnisses. Am folgenden Tag stehen sie auf: Anwälte, Bankangestellte, Prokuristen, Grafiker, Schreiner – und arbeiten nicht mehr. Sie sind aus dem Arbeitsprozess ausgemustert worden. Als ob ein Grafiker 24 Stunden später nicht genauso gut Webseiten gestalten oder ein Spezialist für Nahostkonflikte die Situation in dieser Weltregion nicht genauso gut analysieren könnte wie am Tag zuvor.

Die Studie von Swiss Life ergab auch, dass bei den 55- bis 70-Jährigen eine beträchtliche grundsätzliche Bereitschaft besteht, über das ordentliche Rentenalter hinaus zu arbeiten. Diese ist insbesondere bei Befragten mit Tertiärabschluss (59%) und aus freiberuflichen Dienstleistungsbranchen (60%), aber auch in der Berufsgruppe «Arbeit im Laden/Service/Küche/Aussendienst» (59%) sowie «Anderes» (65%) überdurchschnittlich hoch. In letzterer Gruppe finden sich viele Personen wieder, die sich keinen oder mehreren der vorgegebenen Kategorien zuordnen lassen, wie etwa «Pfarrerin», «Journalist», «Tagesmutter» oder «Gebäudeschätzer». Wir finden auch geographische Unterschiede: So sind Befragte aus der Deutschschweiz (51%) eher zur Erwerbstätigkeit nach 64/65 bereit als Befragte aus der Westschweiz (44%). Schwächer ausgeprägt, aber trotzdem nicht unbedeutend, ist die Bereitschaft zur Weiterarbeit in den Branchengruppen «Industrie, Bau, Verkehr und Lagerei» (37%), «Verwaltung, Erziehung und Unterricht» (44%) und in den Berufsgruppen «Arbeit in Fabrik, Werkstatt, Baustelle, Fahrzeug» (32%), «Arbeit in Büro als Sachbearbeiter/in» (41%) sowie «Arbeit in Schulen» (40%). Der Durchschnitt über alle Berufskategorien hinweg beträgt 49 Prozent. Insgesamt gaben nur 29% an, dass eine längere Erwerbstätigkeit auf keinen Fall in Frage käme beziehungsweise gekommen wäre.

Da aber gemäss Bundesamt für Statistik mit 65 effektiv nur noch 14,5% der Bevölkerung angestellt ist, ergibt sich eine grosse Diskrepanz zwischen einer grundsätzlichen Bereitschaft zur Weiterarbeit und der kleinen Zahl von Personen, die dies effektiv tun. Was den Prozess des Ausscheidens aus dem Arbeitsprozess folglich auszeichnet, ist, dass er offensichtlich für sehr viele faktisch unfreiwillig erfolgt. Die Arbeitnehmerin oder der Arbeitnehmer werden nicht gefragt, ob sie oder er sich allenfalls eine Weiterarbeit vorstellen könnte. Das System funktioniert anders: Die Personalabteilungen der Firmen, die man neudeutsch HR nennt, Human Ressources, sehen auf ihren Computerlisten, wann jemand das 65. Altersjahr erreicht. Die Betreffenden werden erstmals vielleicht ein Jahr zuvor darauf hingewiesen, dass demnächst das Ausscheiden aus dem Arbeitsprozess erfolge. Begleitet wird die Vorankündigung mit Tipps, wie man sich im Umgang mit AHV und Pensionskasse am besten verhalte, wo man sich beraten lassen kann oder welche firmeneigenen Leistungen im Ruhestand allenfalls noch zu erwarten sind. Auch werden vielfach Angebote für Vorbereitungskurse wie «Pensionierung richtig gemacht», «Chancen und Gefahren des Ruhestandes», «Finanztipps für Rentner» mitgeliefert, häufig organisiert durch die Stiftung Pro Senectute, damit alle Angesprochenen auch wissen, dass sie vom ersten Tag des Pensioniertendaseins an zu den Alten gehören.

Hinter den HR-Abteilungen stehen natürlich die Firmenchefs. Da für sie eine Weiterbeschäftigung von Angestellten über die Pensionierung hinaus offenkundig keine Priorität geniesst, halten es die Personalverantwortlichen gleich. Und damit leisten auch die Pensionskassen keinen Effort, um die Idee zu popularisieren. Deshalb signalisieren diese, sowohl staatliche als auch private: Es gibt eine Norm, die da lautet: «Mit 65 geht man in Rente!». Alles andere sind Ausnahmen, wobei die Frühpensionierung die durchaus akzeptierte Variante darstellt. Der Grund dafür liegt nicht allein darin, dass es Arbeitnehmerinnen und Arbeitnehmer gibt, die früher in Rente gehen wollen. Es sind die Firmen selbst, die im Rahmen von Restrukturierungen diese Ausnahme von der Norm popularisiert haben. Denn die einfachste Methode für einen Jobabbau stellen Frühpensionierungen dar. Die andere Ausnahme hingegen, nämlich länger zu arbeiten, wird von niemandem wirklich gepusht. Wer auch nach 65 noch beruflich tätig ist, gilt nach wie vor als Ausnahmefall.

Dass es die HR-Abteilungen sind, die diese Norm immer noch ungefragt durchsetzen, ist in gewissem Sinne geradezu zynisch. Denn zu den Obliegenheiten dieser Dienststellen gehören eigentlich die Betreuung, Pflege sowie Förderung menschlicher Fähigkeiten und Kapazitäten. Dies jedenfalls besagt der Begriff Human Resources. Doch beim Vorgang der Normpensionierung werden sie dieser Kernaufgabe nicht gerecht. Man pflegt die Ressource «menschliche Arbeitskraft» nicht, sondern entledigt sich ihrer.

So nähern sich die Betroffenen alternativlos dem letzten Tag ihres Arbeitslebens, räumen ihre Schreibtische, unterschreiben das Beitrittsformular zur Pensioniertenvereinigung und schmeissen einen kleinen Abschiedsapéro. Vielleicht hält der Chef oder ein Kollege noch eine kleine Rede, die Tipps dafür finden sich im Internet. Dieses schlägt vor: «Ab jetzt lautet dein Jobtitel: ‹Profihängematten-Tester›. Viel Spass beim neuen Lebensabschnitt!» oder auch «Der Ruhestand: das nächste Abenteuer ohne Chef, Deadlines und PowerPoint-Folien. Möge dein grösstes Problem ab jetzt die Frage sein: ‹Rotwein oder Weisswein?›» Vielleicht verbreitet auch die Bemerkung «Nach Jahren der Plackerei endlich die Freiheit! Ab jetzt darfst du bis 10 Uhr schlafen und nachmittags über die wachsende To-do-Liste lächeln» gute Laune.

Und dann ist man weg. Gestern noch vollwertige Arbeitskraft, morgen schon Rentner ohne klar definierte Aufgabe.

Natürlich könnte es theoretisch auch anders ablaufen, auf gesetzlicher Ebene erfolgten in letzter Zeit einige zaghafte Liberalisierungsschritte. Doch bei den Arbeitgebern ist das bis jetzt noch nicht angekommen. Sie handeln in der überwiegenden Mehrheit nach wie vor so, als ob die Zahl 65 in der Bundesverfassung stünde. Für eine Mehrheit der Arbeitnehmenden beginnt zu diesem Zeitpunkt der lange Ritt in den Sonnenuntergang, der heute vielfach 30 Jahre und länger dauert. Nun widmet sich die Person, die gemäss gängiger Redewendung «den Lebensabend geniesst», all den Beschäftigungen, welche die Gesellschaft für diese Bevölkerungsgruppe für angemessen hält. Man löst sich ein GA 1. Klasse, damit man die Schweiz besichtigen und zum Mittagessen von Zürich nach Zermatt reisen kann. Man befährt die Weltmeere auf Kreuzfahrtschiffen, schliesst sich einer Wandergruppe an, organisiert Klassentreffen und legt sich ein neues Hobby zu. Viele nutzen die Zeit auch, um Enkelinnen und Enkel zu hüten, was in der Tat eine schöne Erfahrung ist und zugleich das Ungenügen der heutigen Kinderbetreuung in der Schweiz illustriert.

Bei dieser brutalen Zäsur im Lebenslauf handelt es sich historisch gesehen um ein neues Phänomen. Die Rentnerinnen- und Rentnerphase in unseren Biographien ist die Konsequenz der Einführung moderner Altersvorsorgesysteme, die in der zweiten Hälfte des 19. Jahrhunderts begann. Vorher arbeitete man, solange es ging, und wurde nachher von der

Familie oder von Institutionen wie der Kirche, den Zünften oder der Fürsorge versorgt. Die Bevölkerungsexplosion im 19. Jahrhundert, gekoppelt mit der Frühindustrialisierung und ihrem vielfach ausbeuterischen Umgang mit den Arbeiterinnen und Arbeitern inklusive Kindern, überforderte die Tragfähigkeit des Systems. In vielen Ländern bestand die Antwort auf die offensichtlichen Missstände zuerst darin, dass sich auf privater Basis Vorsorgeeinrichtungen entwickelten. Doch schliesslich übernahm der Staat diese Aufgabe, um eine Allgemeinverbindlichkeit solcher Angebote zu garantieren.

Um in den Genuss einer Rente zu gelangen, war die Aufgabe der Berufstätigkeit zwingend notwendig. Damit wurde der Ruhestand zu einer distinkten Lebensphase in der Biographie der meisten Menschen; diese erhielt dadurch ihre bis heute geltende Grundstruktur: Ausbildung, Beruf, Ruhestand, Tod. Problematisch dabei ist, dass das Charakteristikum dieses Ruhestandes letztlich ein negatives ist: Er wird dadurch definiert, dass man etwas *nicht* tut, nämlich arbeiten. Daraus ergab sich das Bild der nutzlosen Alten, die vor der Herausforderung stehen, die letzte Lebensphase irgendwie überstehen zu müssen. Im Zeitalter der Einführung von Rentensystemen handelte es sich dabei meist nur um ganz wenige Jahre. Zudem zerschliss die harte Fabrikarbeit mit ihren überlangen Arbeitszeiten die Gesundheit vieler. Für diese war Nichtarbeiten eine Erleichterung, eine Phase des Aufatmens, bis bald der letzte Atemzug erfolgte.

Doch dieses Konzept, dass es eines Tages im Beruf einfach zu viel wird und dieser Tag im 65. Altersjahr liegt, hat sich längst überholt. Es entspricht der jetzigen Lebensrealität nicht mehr. Man lebt heute nach der Pensionierung länger als nur drei, vier Jahre. Die neuesten Zahlen des Bundesamts für Statistik aus dem Jahr 2023 besagen, dass die Lebenserwartung im Alter von 65 Jahren für Frauen 22,8 Jahre und für Männer 20,3 Jahre beträgt. Es handelt sich dabei um den Durchschnitt, was bedeutet, dass viele Menschen heute über 90 oder sogar 100 Jahre alt werden. Zudem kennt die Schweiz nur noch wenige harte Fabrikjobs. Selbst hier haben die Automatisierung und Digitalisierung schweres körperliches Arbeiten weitgehend obsolet gemacht. Das Internet ermöglicht flexibles Arbeiten, zu Hause, am Strand, im Zug, im Coworking-Space. Auch mit bestem Willen lässt sich kein Grund mehr finden, alle Menschen exakt mit 65 aus dem Arbeitsprozess auszusortieren.

2. Die negativen Folgen des heutigen Pensionierungssystems

Die Verteidiger der Pensionierungsorthodoxie pflegen wie ein Mantra zu wiederholen, es gehe darum, den – vom Arbeiten – erschöpften Menschen ein «würdiges Alter» zu ermöglichen. Für sie fällt die persönliche Biographie eines Menschen offensichtlich in zwei distinkte Abschnitte: Arbeit ist unwürdige Mühsal und erschöpfende Plackerei, Ruhestand ist würdevoller Lebensgenuss voller Sonnenschein und Unbeschwertheit. Auch wenn nicht bestritten werden kann, dass für manche die Erwerbsarbeit anstrengend und mässig befriedigend sein kann, ist diese generalisierende Darstellung dennoch falsch. Denn viele arbeiten gar nicht so ungern, sogar die in den «AHV-Manifesten» von SP und Grünen gerne erwähnte Schuhverkäuferin, die sich angeblich würdelos in ihrem Erwerbsleben abmüht und deshalb jeden Tag ihre Pensionierung herbeisehnt.

Die Tatsachen zeichnen ein anderes Bild: Nach 65 beginnt für viele nicht einfach eine Lebensphase voller Freuden und ohne Sorgen. Vielmehr beschert die Pensionierungsrealität der Gesellschaft zahlreiche Probleme.

Auf einer persönlichen Ebene sind mit dem heutigen, immer noch starren Übertritt in den sogenannten Ruhestand – ein verräterischer Begriff! – durchaus gesundheitliche Risiken verbunden. Die wissenschaftliche Literatur zeichnet zwar kein eindeutiges Bild der Situation. Einige Studien kamen zum Ergebnis, dass es unmittelbar nach der Pensionierung einen Anstieg plötzlicher Herzinfarkte geben kann. So beziffert eine amerikanische Studie von 2018 (Fitzpatrick & Moore, *The mortality effects of retirement*) den Anstieg der Sterblichkeit von Männern unmittelbar nach der Pensionierung auf zwei Prozent. Der Hauptgrund dürfte die Veränderung des Lebensstils sein. Noch eindeutiger ist diese negative Korrelation zwischen Pensionierung und gesundheitlichen Problemen in Fällen einer erzwungenen Frühpensionierung.

Offensichtlich ist, dass die gesundheitlichen Folgen der Pensionierung stark von der Persönlichkeit, vom Beruf und den individuellen Lebensumständen abhängen. Anekdotisch kennt man Fälle eines überraschenden Hinschieds kurz nach Abschluss der beruflichen Karriere. In den Todesanzeigen steht dann jeweils «Er hatte noch so viele Pläne…». Vielleicht lag das Problem ja gerade im Fehlen solcher Pläne und in der Leere, die daraus resultierte. Das ist ja mit ein Grund, dass heute vorbildliche Arbeitgeber ihre Mitarbeiter mittels Kursen auf den abrupten Übergang von hundert zu null Prozent Tätigkeit vorbereiten; dadurch soll der «Pensionierungsschock» vermieden werden. In diesem gängigen Begriff drückt sich die Tatsache aus, dass offenbar für nicht wenige das abrupte Ende der beruflichen Tätigkeit eben einen Schock darstellt und nicht die freudvolle Erlösung von einer bedrückenden Fron am Arbeitsplatz.

Vielfach geht mit der Pensionierung ein Rückgang der persönlichen Aktivitäten einher. Man hat keinen Anlass mehr, am Morgen aus dem Bett zu steigen und geplanten Tätigkeiten nachzugehen. Es ist belegt, dass eine Pensionierung Depressionen auslösen kann. Vor allem Menschen, die schon vorher sozial nicht sehr aktiv waren, sind davon betroffen. Dieser Zusammenhang findet sich auch in Bezug auf die Freiwilligenarbeit. Wer sich stärker engagiert, rutscht weniger häufig in eine Depression ab. Auch bei der Freiwilligenarbeit gibt es eine klare Korrelation zwischen depressiver Stimmung und Engagement. Die Wechselwirkung ist offensichtlich: Wer sich weniger engagiert, ist eher depressiv. Und wer depressiv ist, engagiert sich weniger.

Gerade Männer sind davon betroffen. Bei diesen, sozial ohnehin stärker über die Arbeit und die Firma vernetzt als Frauen, führt das meist abrupte Ende der Berufsarbeit vielfach zu einem Verlust an gesellschaftlichen Beziehungsstrukturen. Denn der Sport, der in den jüngeren Jahren häufig die Hauptquelle sozialer Kontakte ausserhalb des Berufs dargestellt hatte, wurde altershalber längst aufgegeben. Wenn plötzlich auch noch das Feierabendbier mit den Kumpels von der Abteilung entfällt, realisiert man, wie wichtig das alles für das persönliche Beziehungsnetz war. Mit der Pensionierung verkümmert dieses. Da wird es rasch einsamer im privaten Umfeld.

Die Folgen zeigen sich etwa im Alkoholkonsum. Übermässiges Trinken wird allgemein mit Jugendlichen und jungen Erwachsenen in Verbindung gebracht. Aber in keiner Altersgruppe wird häufiger zum Glas gegriffen als bei den 65- bis 74-Jährigen. Diese Altersgruppe weist laut Untersuchungen den höchsten Anteil an riskantem Alkoholkonsum auf. Auch was die tägliche Einnahme von Schlaf- und

Beruhigungsmitteln betrifft, liegen die 65plus ganz an der Spitze. Dies zeigt sich unter anderem daran, dass immer mehr Seniorinnen und Senioren freiwillig bei einer Suchtberatungsstelle um Hilfe nachsuchen. Bei der Forel Klinik, einer auf Alkoholismus spezialisierten Spezialklinik im Kanton Zürich, hat sich die Zahl von hilfesuchenden Rentnerinnen und Rentnern in jüngster Zeit verdoppelt. Pro Senectute schreibt dazu: «Sucht im Alter ist weit verbreitet. Untersuchungen zeigen: Personen im Alter von mehr als 65 Jahren weisen den höchsten Anteil an chronisch riskantem Alkoholkonsum auf. Auch was die tägliche Einnahme von Schlaf- und Beruhigungsmitteln betrifft, liegen die 65plus ganz an der Spitze. Sucht im Alter ist ein Tabuthema: Viele Betroffene leugnen oder verharmlosen das Problem. Das verhindert eine frühzeitige Chance auf Behandlung.»

Ein anderer Bereich, in dem die Pensionierung mitunter zu heftigen negativen Konsequenzen führt, ist die Partnerschaft. Spannungen in Paarbeziehungen nehmen in dieser Lebensphase deutlich zu. Im Internet wimmelt es von entsprechenden Hinweisen, manche humorig gemeint, manche als ernsthafte Lebenshilfe gedacht. «Hilfe, mein Mann ist immer zu Hause!», heisst es etwa. Da geht es um Frauen, die sich über die plötzlich ständige Anwesenheit ihrer Männer beklagen, um Männer, die sich plötzlich für die Haushaltsführung interessieren und mit überflüssigen Reorganisationsvorschlägen nerven. Es geht um pensionierte Paare, die neuerdings gemeinsam einkaufen gehen und sich vor der Kühltruhe in die Haare geraten, weil der eine Partner Vollmilch, der andere Magermilch kaufen will. Da Männer ihre Identität stark über den Beruf zu definieren pflegen, kann es zu einer Änderung der Dynamik in der Paarbeziehung kommen, wenn der Ruhestand beginnt. Unter Umständen müssen Beziehungen neu ausgehandelt werden, wenn diese nicht gar in einer Scheidung enden.

«Die Pensionierung kann Ihre Ehe gefährden», titelte denn auch eine deutsche Frauenzeitschrift vor einiger Zeit. Tatsächlich haben Scheidungen seit 1970 nicht nur generell zugenommen – in der Schweiz laut Bundesamt für Statistik von 15,4% (1970) auf 38,3% (2023) –, auffälliger ist die Zunahme nach 30 Ehejahren: von 27% auf 44,1%! In den USA hat man dafür den Begriff «Grey Divorce Revolution» geprägt. Die Gründe dafür sind vielfältig, doch die Pensionierung spielt dabei eine wichtige Rolle. Ein Scheidungsanwalt sagte gegenüber der *NZZ*, eine ältere Klientin habe sich von ihrem Mann trennen wollen. Auf seine Frage, weshalb sie das tun möchte, habe sie ihm ein Bild gezeigt: Der Ehemann döst auf dem Sofa vor dem Fernseher. Sie dagegen würde gerne häufiger wandern gehen.

Pasqualina Perrig-Chiello und ihr Team von der Universität Bern veröffentlichten 2017 eine Studie über Langzeitbeziehungen. Diese ergab, dass die Zeit der Pensionierung eine Belastungsprobe darstelle. Die *NZZ* fasste dies zusammen: «Der Partner, den man zuvor vielleicht nur abends und am Wochenende gesehen hat, ist nun oft jeden Tag fast rund um die Uhr zu Hause. Bei nicht wenigen Frauen und Männern löst das offenbar Beklemmungen aus.» Darauf würden

Frauen kompromissloser reagieren als Männer. Denn bei den über 65-Jährigen seien es zu zwei Dritteln die Frauen, die den Schlussstrich zögen. Der Pensionierungsschock trifft auch in dieser Hinsicht die Männer offensichtlich stärker. Für solche Paare erhöht sich im Scheidungsfall auch noch das finanzielle Risiko, das ohnehin für viele Rentner zu einem ständigen Thema wird. Weniger Einkommen, vielleicht auch eine Pensionskasse mit schlechten Leistungen, drückender Eigenmietwert und steigende Gesundheitskosten: all diese Faktoren können dem Rentenalter viel von seiner vermeintlichen Hängematten-Qualität nehmen.

Diese Phänomene werden gerne unter dem Begriff «Retired Husband Syndrome» zusammengefasst. Es stellt kein von der Forschung erhärtetes Syndrom dar, sondern eher ein Konzept aus dem Bereich Populärwissenschaft oder Küchenpsychologie, wobei die anekdotische Beweislage durchaus überzeugend ist. Der Begriff fasst alle erwähnten Phänomene zusammen und bringt sie auf den Punkt: Eine Pensionierung wirkt sich häufig herausfordernd und nicht selten sehr negativ auf eine Paarbeziehung aus. Weil in früheren Zeiten und sehr traditionellen Lebensformen die Männer arbeiteten und die Frauen zu Hause blieben, stellte das Ende der Berufstätigkeit des Mannes in solchen Lebensarrangements die grosse Zäsur dar. Ist dieser nun plötzlich stets zu Hause, gilt er als Ursache für alle Schwierigkeiten, an denen logischerweise stets zwei beteiligt sind.

Doch über diese individuellen und persönlichen Aspekte hinaus stellt das heutige System der relativ starren

Pensionierung auch ökonomisch ein Problem dar. Denn das Fehlen aller Anreize, länger im Arbeitsprozess zu verbleiben, akzentuiert den Arbeitskräftemangel in der Schweiz zusätzlich. Die Wirtschaft windet sich heute über eine steigende Zuwanderung aus dieser Bedrängnis. Deswegen erreichte der Bevölkerungszuwachs in der Schweiz in den letzten Jahren Rekordwerte, ein Trend, der durch die Asylsuchenden noch verstärkt wird. Dabei sind es keineswegs nur hochbezahlte Spezialisten für KI, Quantenphysik oder Bioinformatik, die in die Schweiz kommen. Nein, auch Jobs wie Mediensprecherin bei den städtischen Verkehrsbetrieben werden mittlerweile von Zuwanderern aus Deutschland besetzt. Diese füllen die Vakanzen, die durch die quasi Zwangspensionierung ihrer Schweizer Vorgängerinnen oder Vorgänger frei werden. Die jungen Expats, die übernehmen, verfügen aus Sicht der Arbeitgeber zudem meist über den Vorteil, günstiger zu sein. Die Folgen dieses Trends zeigen sich in der politischen Agenda der Schweiz, steht dort doch die starke Zuwanderung mittlerweile zuoberst.

Mit diesem Blick auf zahlreiche Schwierigkeiten, die mit der Pensionierung verbunden sind, soll keinesfalls behauptet werden, dass es sich dabei um generelle Phänomene handelt. Viele schaffen diesen Übergang gut und ohne grosse Probleme. Aber die von den Verteidigern des heutigen Pensionierungssystems gerne kolportierte Sicht, dass viele vor der Pensionierung unglücklich waren und nach der Pensionierung nur noch glücklich, gehört kräftig relativiert. Die Zahl der Rentnerinnen und Rentner, die Antidepressiva schlucken, ist bemerkenswert hoch. Laut einer Analyse von Helsana-Abrechnungsdaten aus dem Jahr 2016 erreicht das Niveau der Verschreibung von Antidepressiva bei Personen ab 85 Jahren nahezu 25%. Die zahlreichen pensionierten Hilfesuchenden in den Suchtkliniken sprechen ebenso eine deutlich andere Sprache.

All dies wird weiter verschärft durch die Tatsache, dass es sich – auch wieder in der heutigen Praxis – bei der Pensionierung um einen faktisch unumkehrbaren Vorgang handelt. Die gelebte Realität heisst: «Einmal pensioniert, immer pensioniert.» Der Aufwand, der für eine nochmalige Integration in den Arbeitsprozess zu leisten wäre, ist so gross, dass kaum jemand – Arbeitnehmende wie Arbeitgeber – diese administrativen Mühen auf sich nimmt. Wenn man einmal pensioniert ist, bleibt man es auch. Damit zementiert sich die Klassifikation, wonach Pensionierte eine distinkte Gruppe darstellen, die von der Gesellschaft als Gruppe mit spezifischen Merkmalen und Eigenheiten gelesen wird. So werden die mit der Pensionierung oft verbundenen Schwierigkeiten noch akzentuiert, weil das vorherrschende Bild des Alters nach wie vor ein negatives ist.

Wer wie die Linksparteien das Nichtarbeiten als Voraussetzung für ein «gutes Alter» sieht und die Erwerbsarbeit als Quelle vieler Probleme, der verschliesst die Augen vor der Tatsache, dass es in nicht wenigen Fällen gerade umgekehrt ist.

3. Das negative Bild des Alters

Kürzlich ergänzte der Sender RTL die Reality-TV-Show *Der Bachelor* um das Format *Golden Bachelor*. Im Zentrum steht nicht mehr ein junger Mann, der aus einer Gruppe von Frauen seine grosse Liebe wählen soll, sondern ein 73-Jähriger, der in seiner Altersgruppe sein Glück sucht. Dies nahm ein Zürcher Lokalsender zum Anlass für einen offenbar satirisch gemeinten Beitrag. Folgender Dialog ging über den Äther: «Und di letschti Rose möcht ich dir gäh, Margrit.» – «Was für ä Sauce?» – «Mini Ladies, ich möcht jetzt gärn ämal luege, wer parat isch, für mich z kämpfe und über sini Gränze usezgah, wie ich im Altersheim. Mir mached äs Rollator-Ränne und die Dame, wo s zerscht is Ziel schafft, günnt äs Date mit mir.» – «So, mir gönd hüt än flotte Spaziergang dur dä Park go mache und ässed dänn än Chueche. Dörfsch also dis Gebiss nöd vergässe.» – «Rosalinda, ich chan fascht nöd wegluege bi dim Hüftschwung am Rollator.» – «Was häsch gseit? Han s Hörgrät grad vergässe iizschalte.»

Nun ist Satire bekanntlich eine heikle Kunst und die Gefahr des Absturzes beträchtlich. Dieser konnten sich auch die Macher dieses Beitrages nicht entziehen. Da sich der Sender aber an ein junges Publikum richtet, mochte der Beitrag vielleicht da und dort ein müdes Lächeln hervorgerufen haben. Der Sketch besteht im Wesentlichen aus einer Ansammlung billigster Klischees über das Alter. In einer Zeit, da 73-Jährige Viertausender besteigen und Halbmarathons laufen, werden Angehörige dieser Altersgruppe pauschal als senile, schwerhörige, Gebiss tragende Rollatornutzer hingestellt. Es ist nicht anzunehmen, dass die Produzenten der Sendung mit Vorsatz handelten. Sie wollten einfach lustig sein.

Die positiv gemeinte Variante des Redens über Alte ist aber nicht viel besser. So äussern sich manche rücksichtsvoll und einfühlsam über die «Älteren». Die Semantik des «Lebensabends», des «wohlverdienten Ruhestandes», das Sprechen von «Betagten», von «rüstigen Seniorinnen» und vom «Lebensabend geniessen» hat auf eine andere Art etwas ähnlich Despektierliches wie Witzchen über Hüftschwünge am Rollator. So viel wohlmeinende Geringschätzung! So viel unfreiwillige Herabsetzung! So viel paternalistische Herablassung! Gerade die Politik ist dafür anfällig, etwa wenn die Stadt Zürich ein neues Altersleitbild vorstellt und die Zufriedenheit der Seniorinnen und Senioren unter anderem mit dem Aufstellen zusätzlicher Sitzbänke an Spazierwegen verbessern möchte. Dem Klischee zufolge verbringen die über 65-Jährigen einen wesentlichen Teil ihres Tages mit dem Verweilen auf einem Bänkli. Auch die gegenwärtige Co-Präsidentin des SP Schweiz, Mattea Meyer, ist vor dieser Gefahr nicht gefeit: Wann immer die ehemalige Jungsozialistin mit einfühlsamer Stimme davon spricht, «die Menschen» hätten ein Anrecht auf «ein Alter in Würde», schwingt darin so viel matriarchalische Süffisanz mit, dass es nur noch entwürdigend klingt.

Was auf dem Gebiet des Semantischen zu konstatieren ist, lässt sich auch auf das Optische übertragen. Ein gutes

Anschauungsbeispiel stammt aus der journalistischen Praxis. Zu den Dauerthemen der Schweizer Innenpolitik gehören AHV und Renten, unter anderem deswegen, weil hier die Reformunfähigkeit des Landes besonders ausgeprägt ist. Immer, wenn Artikel darüber erscheinen, besteht im Newsroom am Ende der Zwang, den Beitrag zu illustrieren. Also gibt der zuständige Redaktor das Stichwort «Senioren» in die Bilddatenbank ein. Und schon sind sie da, die Aufnahmen von älteren, weisshaarigen Menschen mit gefalteten Händen, auf einer Parkbank oder einem Sofa; heitere Silberhaarige mit entrücktem Blick in die Ferne schauend, serene Paare beim Kaffee unter Tessiner Palmen oder Gruppen von Frauen im Aquafit, auch sie beseelt in den Lebensabend lächelnd. Viele, die dieser Altersgruppe zugehören, dürften sich auf keinem der Bilder wiedererkennen. Was Aquafit ist, wissen wohl die wenigsten aus eigener Erfahrung. Die Suchresultate spiegeln einfach nur die Kategorisierungen wider, die der zuständige Sachbearbeiter vorgenommen hat, als er die Bilder mit Schlagworten versah. Sie zeugen von der gedankenlosen Klischeehaftigkeit, mit der unsere Gesellschaft die Gruppe der Pensionierten versieht.

Man stelle sich vor, die Medien würden ähnliche Spassbeiträge über Schwarze oder Behinderte publizieren! Zu Recht sähen sie sich mit einem Proteststurm konfrontiert, der eine Entschuldigung unausweichlich machen würde. Doch wenn es um sogenannte Alte geht, ist diese Form des Berichtens über diese Gruppe von Menschen gesellschaftlich nach wie vor toleriert. Ja, über «Alte» herzumachen gilt geradezu als progressiv. «Bye, bye Boomer», sagen diejenigen, die vermeintlich wissen, was politisch wichtig ist. Sie begegnen Kritik aus der älteren Generation nicht mehr argumentativ, sondern wischen diese einfach als überflüssig und lästig vom Tisch. Auch das Lästern oder der Spott über «alte weisse Männer» gehört in diesem Zusammenhang erwähnt.

Überhaupt stehen «die Alten» unter dem Generalverdacht, alles falsch gemacht zu haben. Sie haben den Rassismus zu wenig bekämpft, die Schuld der Sklaverei verleugnet, den Klimaschutz vernachlässigt, dem motorisierten Verkehr zu sehr gehuldigt, Gender-Klischees geduldet, sexuell zu hedonistisch gelebt, AKWs gebaut – fast endlos ist die Liste des Versagens. Um dies wirklich ins Bewusstsein der Gegenwart zu heben, muss alles historisch aufgearbeitet werden, immer mit dem Ziel, eine Schuld retrospektiv festzustellen. Dies alles endet damit, dass sich ein heutiger Politiker für ein angebliches oder auch tatsächliches Versagen in der Vergangenheit entschuldigen muss und in manchen Fällen gar Kompensationszahlungen geleistet werden. Häufig liegt aber diesem angeblichen Verschulden bloss eine Änderung des Zeitgeistes zugrunde. Was man früher für richtig oder angemessen hielt, wird heute anders beurteilt. Doch das Raster der Moral, das heute in der Politik auf alle Sachverhalte angewendet wird, verlangt stets einen Schuldigen. Die Alten bieten sich da als bequeme Zielscheibe an. Hätten sie nicht derart falsch gehandelt, wäre es um die Welt besser gestellt – so lautet das Narrativ.

Auf diese Schandbank der Geschichte rutscht man am ersten Tag nach der faktischen Zwangspensionierung. Nun gehört man einer neuen Bevölkerungsgruppe an, derjenigen der Rollatorfahrer und Gebissträger. Diese Mitgliedschaft ist allerdings nicht selbstgewählt. «Alt werden wir nur, weil wir irgendwann als alt ‹gelesen› werden, zwangsgebeugt unter einer gesellschaftlichen Zuschreibung, die uns von aussen und von innen gleichzeitig erfasst – selten zu unserem Wohl», schrieb Martin Helg in der *NZZ am Sonntag*. Dieser Lebensabschnitt wird in unserer Gesellschaft grundsätzlich negativ gesehen, konnotiert mit körperlichen Beschwerden, abnehmender geistiger Leistungsfähigkeit, mit Depressionen und Einsamkeit. Gerade junge Menschen unterstützen dieses Defizitmodell des Alters stark: Wer über 65 Jahre alt ist, tut aus ihrer Sicht im Kern nichts, ist also gesellschaftlich nutzlos. Manche hüten vielleicht noch Enkelinnen oder Enkel. Aber viele scheinen ihr Leben bloss noch mit Kreuzfahrten, Golf spielen, Tagesausflügen nach Zermatt und Städtereisen zu verbringen. Gerade wegen seiner scheinbaren Dauermusse steht das Alter im Verruf. Dabei ist dieses zwangsverordnet. Verantwortlich dafür sind die Politik, die Firmen und die Pensionierungssysteme. Sie drängen diese Altersgruppe gemeinsam aus dem Arbeitsprozess, weil sie angeblich zu wenig produktiv ist und rasch abbaut.

Eine Variante der Vorstellung eines permanenten körperlichen Verfalls stellt das Klischee dar, dass alle Alten von der technologischen Entwicklung überrollt werden, weil ihre kognitiven Fähigkeiten nachlassen würden. Ältere Leute seien überfordert mit den zivilisatorischen Trends, litten unter Gedächtnisproblemen, könnten neue Geräte nicht mehr nutzen. Wer als alt gilt, gilt automatisch auch als abgehängt. In einer deutschen Untersuchung beantworteten 49% auf die Frage, ob ältere Menschen nicht mehr auf der Höhe der Zeit seien, mit «Ja».

Und so kommt es, dass Politiker, statt sich über die Zunahme der Lebenserwartung zu freuen, diese Entwicklung ausschliesslich als Grund zur Sorge sehen. Sie führt zu Zeitungstiteln wie: «Schweizer Staatsausgaben wachsen wegen der Alterung stärker als die Wirtschaft.» Immer fehlt der AHV das Geld, weswegen man die Steuern erhöhen muss. Die Sozialausgaben, die Gesundheitskosten explodieren nicht zuletzt wegen der Alten, die sich die Frechheit erlauben, länger zu leben als die vorherigen Generationen. Würden sie darauf verzichten, wäre vieles einfacher.

In einem Blogbeitrag der Schweizerischen Akademie der Geistes- und Sozialwissenschaften (SAGW) von 2023 heisst es dazu: «Die Disengagement-Theorie argumentierte beispielsweise, dass diese Akkumulation von körperlichen, psychischen, sozialen und kognitiven Verlusten dazu führten, dass älter werdende Menschen sich zunehmend aus dem Leben zurückziehen (müssen) und dass dieser Rückzug aus sozialen Rollen und Aktivitäten ein natürlicher Prozess und ein natürliches Kennzeichen des Alterungsprozesses sei.» Alter wird von unserer Gesellschaft vorwiegend negativ gesehen und wer die 65er-Schwelle überschritten hat, gilt als alt. Dieser Zustand lässt sich mit einer chronischen Krankheit vergleichen, die einen langsamen, progressiven Verlauf nimmt, ein manchmal drei, vier Jahrzehnte andauerndes sinnentleertes Dasein im Warten auf den Tod.

Kein Wunder, will niemand alt werden. Damit dieser unerwünschte Zustand möglichst lange nicht eintritt, dafür sorgt die Anti-Aging-Industrie. Der Begriff tauchte zum ersten Mal in den 1980er-Jahren auf; Pionierin dieser Bewegung waren die USA, das Land des Jugendkultes. Zunächst ging es um Hautpflegeprodukte und Hormontherapien, Botox kam hinzu und die Schönheitschirurgie weitete ihre Palette von Behandlungen kontinuierlich aus. 1992 erreichte dieser Trend der kosmetisch-ästhetischen Behandlungen endgültig die Sphäre der ernsthaften Medizin, wurde doch in diesem Jahr die American Academy of Anti-Aging Medicine gegründet. Sie setzt sich zum Ziel, wissenschaftliche und medizinische Forschung zu fördern, die das Altern verlangsamt. Mittlerweile hat sich dafür ein positiv konnotierter Fachbegriff an der Grenze von Wissenschaft und Pseudowissenschaft etabliert: Longevity. Der globale Markt für Anti-Aging-Produkte soll gemäss einer Studie der Marktforschungsgesellschaft Data Bridge aus dem Jahr 2024 bis ins Jahr 2029 rund 70 Milliarden Dollar erreichen, was einer durchschnittlich jährlichen Wachstumsrate von rund 6% entspricht.

Beim negativen Bild des Alters handelt es sich folglich um eine moderne Erscheinung. Auf Basis der Datenbank *Corpus of Historical American English* suchte eine Forschergruppe mit rund 10 000 Texten (ab dem Jahre 1810) anhand von Methoden der Computerlinguistik nach Altersbildern.

Es zeigte sich, dass im Verlauf der letzten 200 Jahre eine stete Zunahme negativer Altersstereotype zu verzeichnen ist, besonders ausgeprägt seit 1920. Wo Modernisierung zum Selbstverständnis einer Gesellschaft gehört, geraten Traditionen und überlieferte kulturelle Werte unter Druck. Der Zerfall der Grossfamilien, die Individualisierung und der in den USA stark verwurzelte Gedanke der Selbstoptimierung beschleunigten diese Entwicklung. Das beraubte die Älteren in den westlichen Gesellschaften einer ihrer zentralen Rollen, nämlich «keeper of the flame» zu sein: Instanzen, die Lebenswissen vermitteln und Traditionen an die nächste Generation weitergeben.

Im Unterschied dazu haben Vertreter der älteren Generation in Asien diese Rolle beibehalten. Sie gelten aufgrund ihrer Lebenserfahrung und Lebensweisheit als Respektpersonen. Ähnlich verhielt es sich in der Antike. In den Ältestenrat von Sparta konnte man erst ab 60 aufgenommen werden. Ebenso kannte der römische Senat lange Zeit ein ähnlich hohes Mindestalter für die Mitgliedschaft.

Zu dieser herausgehobenen Stellung älterer Menschen in der Antike oder in asiatischen Gesellschaften steht der heute im Westen gepflegte Blick auf diese in deutlichem Kontrast. Wer vom Gegenüber primär als auf dem Abstieg befindlich gesehen wird, dem fällt es schwerer, sein immer noch vorhandenes Potenzial zu nutzen. Er fordert nicht selbstbewusst eine angemessene gesellschaftliche Stellung, sondern zieht sich zurück, was dann bei den Jüngeren die negativen Stereotypen nochmals verschärft – ein klassischer

Fall einer sich selbsterfüllenden Prophezeiung. Kein Wunder, dass in einer Studie über «Altersbilder und Altersdiskriminierung in Deutschland» von 2022 rund ein Drittel der Befragten der Aussage zustimmte, dass alte Menschen «Platz machen» sollten für die jüngere Generation, oder 53% die Meinung vertrat, ältere Menschen trügen zum gesellschaftlichen Fortschritt nicht entscheidend bei.

Und so kann es auch nicht überraschen, dass in der Politik immer noch defizitorientierte Altersbilder die Diskussion prägen. Ein gutes Beispiel dafür findet sich in einem Papier der Schweizer SP-Gruppe 60+, in dem es heisst, Altersarmut sei eine Schande. «Soziale Alterspolitik beinhaltet auch Betreuung und Pflege in allen Lebenssituationen. Gute Betreuung sichert ein würdevolles Alter.» Der Mensch über 65 verliere rasch seine Autonomie, schreibt eine Arbeitsgruppe, deren Mitglieder zu einem guten Teil damit über sich selbst urteilen. Unfähig, sein Leben noch selbst gestalten zu können, ist dieser Mensch auf eine möglichst umfassende Betreuung angewiesen. Heerscharen von Pflegerinnen und Pflegern, von Beamtinnen und Beamten, von Sozialarbeiterinnen und Sozialarbeitern sind erforderlich, damit die sogenannten Betagten überhaupt noch über die Runden kommen. Das stellt sich die SP offenbar unter dem «würdevollen Alter» vor!

Der Umgang der heutigen Gesellschaft mit dem Alter ist mehr als doppelbödig. Dem direkten Spott oder der direkten Herabsetzung steht das Gutgemeinte gegenüber, das aber im Endeffekt zu einem ähnlichen Resultat führt: Alter ist für alle, die Betroffenen wie die politisch Verantwortlichen, eine Bürde. Sagen wir es mit dem deutschen Kabarettisten Dietrich Hildebrandt: «Im Prinzip ist das Alter bei uns erlaubt, es wird nur nicht gerne gesehen.»

4. Länger leben und besser leben

Die vorherrschende negative Sicht auf das Alter ist deswegen verfehlt, weil sich in den vergangenen Jahrzehnten Lebenserwartung, Gesundheit und Leistungsfähigkeit älterer Menschen im Durchschnitt markant verbessert haben. Anekdotisch äussert sich dies in so unterschiedlichen Personen wie Warren Buffett, Giorgio Armani, Ruth Bader Ginsburg, Mick Jagger, Clint Eastwood, Nancy Pelosi, Robert Murdoch, Estée Lauder, Henri Kissinger oder Papst Franziskus, die auch im hohen Alter noch beruflich aktiv waren oder sind. «Fitte Alte», nennt man sie salopp. Sie sind Beispiele einer enormen Veränderung in den Lebensmustern, die in den letzten Jahrzehnten zu beobachten war.

Ganz offensichtlich, da numerisch berechenbar, zeigt sich dies in der Entwicklung der Lebenserwartung. 1876 betrug diese für männliche Neugeborene 38,9 Jahre und für weibliche Neugeborene 42,3 Jahre. Diese Zahlen sind – abgesehen von zwei Einbrüchen aufgrund der Spanischen Grippe 1918 und Corona 2020/21 – bis heute ständig angestiegen und haben sich praktisch verdoppelt. Dabei zeichnet sich die Schweiz im internationalen Vergleich durch besonders hohe Werte aus. Eine OECD-Statistik von 2022 besagt, dass nur Japan eine höhere Lebenserwartung kennt. Auf Platz drei rangiert Spanien.

Zunächst trugen die medizinischen Erfolge im Kampf gegen Kindersterblichkeit und Tuberkulose zu einer Verbesserung bei. Später erfolgte ein weiterer Rückgang der Mortalität, da man Herz-Kreislauf-Probleme therapeutisch viel besser in den Griff bekam. Zudem gelang es der Medizin, weitere Krankheiten dank neuer Medikamente und Behandlungsansätze zu besiegen. Die Verbesserung der Bildung, eine generell gesündere Lebensführung und weniger belastende Industriejobs leisten ebenfalls einen wichtigen Beitrag dazu, dass man in der Schweiz immer älter wird. Der Fortschritt verlangsamte sich zwischen 1990 und 2010 bei den Frauen etwas, während er bei den Männern ungebrochen voranschritt. Im Jahr 2023 betrug in der Schweiz die Lebenserwartung bei Geburt für Frauen 85,8 Jahre und für Männer 82,2 Jahre.

In der Gruppe der Hundertjährigen sind die Zahlen ebenfalls eindrücklich. Ein Blick in die Kohortensterbetafel Schweiz zeigt: Im Jahr 1919 wurden 2 Hundertjährige gezählt, 1970 waren es bereits 61. Und 2025 erreichten rund 2000 Bewohnerinnen und Bewohner des Landes diese Schwelle. 2050 rechnen Fachleute mit über 20 000 Hundertjährigen. Dabei figuriert die Schweiz in dieser Disziplin international nur im Mittelfeld, vergleichbar mit Deutschland, Ungarn oder Dänemark. Die meisten Hundertjährigen zählte man 2019 laut BfS-Angaben in Albanien, in der Türkei und in Griechenland.

Diese Zahlen bestätigen die Aussagen der Experten, dass es mit der Lebenserwartung weiter aufwärts geht, wenn auch vermutlich langsamer. Die Effekte, die sich besonders stark positiv ausgewirkt haben, wie die erfolgreiche Bekämpfung der Säuglingssterblichkeit, haben sich erschöpft. Massgeblich wird sein, ob die Medizin weitere Fortschritte in der Entwicklung neuer Medikamente macht, speziell für das hohe Alter. Das steigende Bildungsniveau in der Schweiz spricht ebenfalls für eine weitere Verbesserung der Lebenserwartung, ist es doch eine Tatsache, dass Personen mit einer sehr guten Ausbildung überdurchschnittlich lang leben. Der Klimawandel spielt dagegen eine negative Rolle. Kommt es künftig im Sommer häufiger zu längeren, stärkeren Hitzewellen, führt das zu mehr Todesfällen; hohe Temperaturen stellen für den Organismus älterer Menschen eine starke Belastung dar. Gemäss einem Bericht des Bundesamts für Umwelt von 2023 starben 1402 Personen im Rekordsommer 2003 aufgrund der hohen Temperaturen. Dies wirkt sich hemmend auf einen weiteren Anstieg der Lebenserwartung aus.

Das Schweizer Bundesamt für Statistik rechnet damit, dass die Lebenserwartung der Frauen im Jahr 2050 bei 89,5 Jahren und die der Männer bei 87 Jahren liegen wird. Und so wird auch die Zahl der Hundertjährigen, die sich seit 1950 alle zehn Jahre fast verdoppelt hat, weiter anwachsen. Jedes dritte im Jahr 2023 geborene Mädchen und jeder sechste im gleichen Jahr geborene Junge darf laut statistischen Prognosen damit rechnen, mindestens 100 Jahre alt zu werden.

Auch die Sicht auf die intellektuelle Leistungsfähigkeit der älteren Generation wird immer noch vom Defizienzmodell des Alters bestimmt: Diesem zufolge würden die kognitiven Fähigkeiten kontinuierlich und progressiv abnehmen und häufig final in eine Demenz münden. Diese gilt als typische Alterserkrankung, die eine grosse Zahl von Menschen spät in ihrem Leben zu erfassen scheint. Nun erkranken tatsächlich nicht wenige im hohen Alter an Alzheimer. Doch es handelt sich nicht um eine Mehrheit. Und Alzheimer charakterisiert die geistigen Fähigkeiten dieser Altersgruppe schlecht. Denn es ist wissenschaftlich belegt, dass die intellektuelle Leistungsfähigkeit älterer Menschen in den letzten Jahrzehnten zugenommen hat.

Dieses Phänomen wird oft als «Flynn-Effekt bei älteren Menschen» bezeichnet. James R. Flynn ist ein amerikanischer Politologe, der 1984 als Erster beschrieben hat, dass die Ergebnisse von IQ-Tests in den Industrieländern immer höhere Werte erbrachten, die gemessene Intelligenz folglich zunahm. Obwohl der Effekt ursprünglich anhand von IQ-Tests jüngerer Menschen analysiert wurde, ergaben weitere Studien, dass er auch bei älteren Menschen nachweisbar ist – zumindest bis vor Kurzem. In jüngster Zeit stellen die Forscherinnen und Forscher eine Stagnation fest, mit gleichbleibenden oder teilweise sinkenden Ergebnissen (mit Ausnahme von Finnland und Dänemark).

Die unbestrittene Zunahme der kognitiven Fähigkeiten älterer Personen könnte mit der sogenannten «kognitiven Reserve» zusammenhängen, einem Konzept, das besagt, dass das Gehirn in der Lage ist, alters- oder krankheitsbedingte Beeinträchtigungen zu kompensieren. Ältere Menschen mit einer hohen kognitiven Reserve können langfristig geistig aktiv sein. Besonders ausgeprägt sind die Fortschritte auf dem Gebiet der sogenannten fluiden kognitiven Kapazitäten. Diese ermöglichen es einer Person, neue Probleme zu lösen, Muster zu erkennen und Schlussfolgerungen zu ziehen. Galten diese Fähigkeiten lange als ein Privileg der Jugend, haben die Älteren hier deutlich aufgeholt. Als Ursachen für den Flynn-Effekt bei älteren Menschen werden ein höheres Bildungsniveau, eine gesündere Ernährung, eine bessere Gesundheitsvorsorge und eine aktivere Lebensführung vermutet.

Der ehemalige Präsident der Österreichischen Gesellschaft für Neurologie, Reinhold Schmidt, folgerte aus diesen Entwicklungen: «Das Erreichen eines höheren oder hohen Alters wird gemeinhin oft mit Hinfälligkeit und Defiziten gleichgesetzt, insbesondere auch, was die Leistungsfähigkeit unseres Gehirns betrifft. Doch die Annahme, Demenz sei eine unvermeidliche Folge des Alters, ist schlichtweg falsch: Die Hälfte der Menschen im Alter von 90 Jahren haben keine Gedächtnisstörungen. Im Detail zu verstehen, warum das so ist und welche Personen vor einem Abbau der kognitiven Leistungsfähigkeit eher geschützt sind als andere, ist schon angesichts der demographischen Entwicklung ein wichtiges Ziel.»

Eine höhere Lebenserwartung, eine bessere körperliche Verfassung und eine gestiegene intellektuelle Leistungsfähigkeit führen zum Gesamtbefund: Der heutigen älteren Generation geht es im Durchschnitt besser denn je. Die Harvard-Studie zur Lebenszufriedenheit, *Global Flourishing Study*, die noch bis 2027 läuft und jährlich 100 000 Personen auf sechs Kontinenten zu ihrer physischen und psychischen

Lebenssituation befragt, kam in einer ersten Zwischenauswertung zum Befund, dass «viele Menschen im Herbst ihres Lebens noch einmal so richtig aufblühen. In den meisten Ländern der Studie, darunter Deutschland, Australien, Brasilien und die USA, erhöht sich mit dem Alter die Lebenszufriedenheit» (*Tages-Anzeiger*, 5.5.2025).

Bestätigt wird diese Folgerung durch die SHARE-Studie (Survey of Health, Aging and Retirement in Europe), einem internationalen Forschungsprojekt, das unter Leitung des Max-Planck-Institutes für Sozialrecht und Sozialpolitik in München steht. Es handelt sich dabei um eine Langzeitstudie, die von der EU finanziert wird und die Daten aus 28 europäischen Ländern plus Israel analysiert. Diese Studie streicht die Bedeutung der Bildung und die Wichtigkeit sozialer Kontakte für den Fortschritt in der Gesamtbefindlichkeit der Älteren heraus. Ebenfalls positiv beeinflusse die Flexibilisierung des Rentenalters in einigen europäischen Ländern diesen Trend. Umgekehrt sei es auch eine Tatsache, dass die Verbesserungen uneben verteilt seien und erhebliche Unterschiede zwischen einzelnen Ländern und verschiedenen sozialen Schichten bestünden.

All diese positiven Entwicklungen besagen allerdings nicht, dass sich die Fähigkeiten eines Menschen im Verlauf eines Lebens nicht verändern. Das ist eine Binsenwahrheit. Die körperliche Leistungsfähigkeit erreicht etwa um 25 ihren Höhepunkt und reduziert sich danach langsam; die Muskelmasse schwindet im Alter, der Testosteron-Spiegel und damit der Sex-Drive gehen zurück. Auch die kognitiven

Fähigkeiten unterliegen altersbedingten Wandlungen. Hier unterscheidet die Wissenschaft zwischen der bereits erwähnten fluiden Intelligenz und der kristallinen. Auch wenn sich die fluide Intelligenz der Älteren in den letzten Jahrzehnten deutlich verbessert hat, bleibt diese die Domäne der Jüngeren. Die kristalline Intelligenz dagegen, bei der es um Sprache, Faktenwissen, Erfahrung und Einordnungskapazitäten geht, bleibt bis ins hohe Alter nicht bloss stabil, sondern verbessert sich im Laufe der Zeit sogar. Mit anderen Worten: Es gibt Dinge, die Jüngere besser können, aber auch solche, in denen die Älteren eher besser abschneiden. Deswegen sind sie durchaus in der Lage, länger zu arbeiten als in der Vergangenheit. Sie sind nicht weniger leistungsfähig als die Jungen, sondern anders. Wer über die Perspektive spricht, dass ältere Menschen länger als heute berufstätig sein sollten, geht folglich nicht vom Defizienzmodell des Alters aus, sondern vom Kompetenzmodell. Nicht die Frage ist zentral, was die Alten nicht mehr gut können, sondern, was sie immer noch gut oder vielleicht sogar besser können als die Jüngeren. Eine mögliche These wäre zum Beispiel, dass sie weniger Fehler machen, eine andere, dass sie als Politiker weniger häufig Kriege anzetteln.

Die starke Zunahme der Lebenserwartung, die mit generell besseren Lebenskonditionen einhergeht, kann nicht ohne Einfluss auf das Lebensgefühl und die Selbstwahrnehmung der älteren Generation bleiben. So hat eine entsprechende Studie, welche die Bundesverwaltung zusammen mit der Universität Neuenburg durchgeführt hat, zu folgendem

Ergebnis geführt: «Seniorinnen und Senioren werden älter und fühlen sich jünger.» Der subjektiv gefühlte Beginn des «Altseins» habe sich in jüngster Zeit massiv erhöht. Lag diese Grenze in den 1990er-Jahren noch bei 69 Jahren, würden sich die heutigen Seniorinnen und Senioren erst mit 80 Jahren als alt bezeichnen. In den USA kommt die «Einstein Aging Study», die seit 1993 70-Jährige Personen aus der Bronx in New York erfasst, zum Schluss, dass der Prozentsatz von Demenzerkrankungen mit jedem Jahrgang zurückgegangen ist. Und das Stanford Center on Longevity meldet, seine Forschungen hätten ergeben, dass sich ältere Amerikaner emotional besser fühlen und sich durch ein tieferes Ausmass an negativen Emotionen auszeichnen würden als junge Erwachsene.

Es handelt sich bei all diesen Zahlen natürlich um Durchschnittswerte. Es ist eine Tatsache, dass mit wachsendem Alter die Unterschiede zwischen den Menschen zunehmen. Der Alterungsprozess verläuft individuell sehr unterschiedlich, zu einem guten Teil beeinflusst von der genetischen Veranlagung, aber dann auch von der konkreten Lebensführung. Nicht das kalendarische Geburtsjahr, sondern das biologische Alter, die Fitness, das intellektuelle Aktivitätslevel oder die Gesundheit beeinflussen das Leistungsniveau in den späten Lebensjahren. Alter ist nicht gleich Alter!

Doch in der Schweiz pensionieren wir nach wie vor schematisch und pauschal, statt individuell und fähigkeitsbezogen. Und vor allem pensionieren wir heute noch immer zum gleichen Zeitpunkt wie 1948 bei der Einführung der AHV. Die Lebenserwartung von Männern lag damals bei 65 und für Frauen bei 70 Jahren. In Deutschland wurde das Rentenalter 1916 von 70 auf 65 gesenkt. Damals lag die Lebenserwartung der Männer bei 45 und das von Frauen bei 48 Jahren. Die enormen positiven Veränderungen in Bezug auf Gesundheit und Leistungsfähigkeit der älteren Menschen sind folglich bis heute – vor allem in der Schweiz – fast ohne Konsequenzen für das System der Pensionierung geblieben. Der ausschliessliche Fokus auf Probleme, das Bild des Alterns als eines kontinuierlichen Abbauprozesses wird der heutigen durchschnittlichen Lebensrealität älterer Menschen nicht mehr gerecht. Würde man diese Realität zur Kenntnis nehmen, müsste man einen ganz anderen Diskurs über Rentenreformen und die Bedeutung der Arbeit für den Einzelnen wie für die Gesellschaft führen.

5. Wir pensionieren wie zu Bismarcks Zeiten

Beim Konzept einer garantierten allgemeinen Altersrente handelt es sich um eine moderne Erfindung. Es entstand in der zweiten Hälfte des 19. Jahrhunderts und etablierte sich im Verlauf der folgenden fünf, sechs Jahrzehnte auf der ganzen Welt. Vorher arbeitete man, bis man starb oder physisch aufgrund von Krankheit, Gebrechen oder Schwäche dazu nicht mehr in der Lage war. In diesen Fällen waren die Betroffenen angewiesen auf die Unterstützung durch die Familie, die Kirche, durch Berufsorganisationen wie Zünfte oder auch durch den Staat, der dafür Armenhäuser unterhielt.

Zwei Entwicklungen waren es, die dieses traditionelle System an seine Grenzen brachte: Ein starkes Bevölkerungswachstum, verbunden mit einer deutlichen Zunahme der Lebenserwartung im 19. Jahrhundert dank der medizinischen Fortschritte liess die Zahl der Unterstützungsbedürftigen stark anschwellen. Gleichzeitig lockerten sich die Familienstrukturen. Damit erhöhte sich das Risiko für Altersarmut deutlich. Die Schwächung der traditionellen Bindungskraft von Familien und hergebrachten Organisationen war die Folge einer zweiten Umwälzung – der Industrialisierung. Heerscharen junger Menschen zogen auf der Suche nach einem Lebensunterhalt in die Städte, wo sie Arbeit in den neuen Fabriken fanden.

Die Arbeitsbedingungen waren teilweise fürchterlich. Lange Arbeitszeiten an sechs Tagen in der Woche, tiefe

Löhne ohne Sozialleistungen, Kinderarbeit: Dieses ausbeuterische System entwickelte sich zuerst in England, dem Geburtsort der Industrialisierung, und gilt heute als ein Merkmal des «Manchester-Liberalismus», der sich vom Ideal einer Wirtschaft leiten liess, die möglichst frei von gesetzlichen Beschränkungen und sozialen Verpflichtungen agieren sollte. Wenig überraschend führte dies in der Realität zu grossen sozialen Problemen. So waren die Wohnverhältnisse in den rasch wachsenden Städten für die schlecht bezahlten Angestellten vielfach erbärmlich. Krankheiten und Seuchen verbreiteten sich rasant, weil die medizinische Versorgung nicht genügte. Arbeiter, die verunfallten, erkrankten oder aufgrund von altersbedingt abnehmender Arbeitskraft auf die Strasse gestellt wurden, verelendeten vielfach.

Politisch begünstigte dies das Entstehen sozialistischer Strömungen. Diese stellten die «soziale Frage» ins Zentrum ihres politischen Kampfs. Die Arbeiter sollten vor der Ausbeutung durch die Fabrikherren bewahrt und besser bezahlt werden. Weit oben auf der Forderungsliste stand auch der Schutz der Werktätigen vor Risiken wie Krankheit, Unfall, Invalidität oder Arbeitslosigkeit. Dazu zählte, den nicht mehr Arbeitsfähigen eine materiell gesicherte Existenz zu ermöglichen, speziell im Alter. Dieses reformerische Programm der jungen sozialistischen Parteien entwickelte sich parallel zum radikaleren Ansatz der Kommunisten, denen Karl Marx die ideologische Grundlage für das politische Ziel einer Abschaffung des Kapitalismus geliefert hatte.

Auf privater Basis entstanden zuerst in England, später aber auch in anderen frühindustrialisierten Staaten Europas erste Vorsorgesysteme, etwa Krankenkassen, Lebensversicherungen und Altersrenten. Doch diese blieben bescheiden im Umfang; nur relativ wenige Menschen profitierten davon. Die «soziale Frage» liess sich dadurch höchstens ein wenig entschärfen.

Es war Reichskanzler Otto von Bismarck, der zum Schluss kam, dass es ein System öffentlicher Sozialversicherungen brauche, insbesondere ein generelles, staatlich gestütztes Rentensystem. Der deutsche Reichstag stimmte nach zweijähriger intensiver Diskussion im Jahr 1889 dem Gesetz über die Invaliditäts- und Altersversicherung zu. Dieses bildete den Schlussstein einer umfassenden staatlichen Sozialgesetzgebung. Denn schon 1883 war ein Krankenversicherungsgesetz und 1884 ein Unfallversicherungsgesetz eingeführt worden. Die Kosten für die Alters- und Invalidenrente bezahlten Arbeitgeber und Arbeitnehmer zu gleichen Teilen. Zudem steuerte der Staat jährlich einen Zuschuss bei.

Insbesondere bei der Einführung einer staatlichen Rentenversicherung handelte es sich um eine weltweite Pioniertat, auch wenn die Leistungen noch sehr bescheiden anmuten. Von Existenzsicherung konnte keine Rede sein, denn die Renten waren tief und flossen erst nach Vollendung des 70sten Altersjahres. Dabei lag die Lebenserwartung damals lediglich bei rund 45 Jahren. Der Historiker Matthieu Leimgruber charakterisierte Bismarcks Tat deswegen als «Beruhigungspille». In der Tat handelte Bismarck nicht aus überschiessendem Mitgefühl für die geknechtete Arbeiterschaft, sondern aus rein politischem Kalkül. Er hatte die Sprengkraft der extremen sozialen Gegensätze erkannt, die sich mit der Industrialisierung in der zweiten Hälfte des 19. Jahrhunderts herausgebildet hatten. Dies begünstigte den raschen Aufstieg des Sozialismus. Bismarck verbot die sozialdemokratische Partei in Deutschland (worauf sich viele Exponenten in die Schweiz absetzten) und versuchte gleichzeitig, der Linken den Nährboden zu entziehen. Mit der Einführung der Sozialgesetze, insbesondere der Altersversicherung, sollte dies bewerkstelligt werden.

Aufzeichnungen aus dem Jahr 1880 geben Einblick in die Überlegungen, die sich Bismarck gemacht hatte: Es gehe darum, die Arbeiter an den Staat zu binden und sie der Sozialdemokratie abspenstig zu machen. Umfangreiche staatliche Zuschüsse an ein Rentensystem seien deswegen unerlässlich. Nur so sei «in der grossen Masse der Besitzlosen die konservative Gesinnung zu erzeugen, welche das Gefühl der Pensionsberechtigung mit sich bringt». Nicht nur die Arbeiter, sondern möglichst breite Bevölkerungsschichten sollten zu Staatsrentnern gemacht werden, um die Loyalität des Bürgers mit der Nation zu stärken. Bismarck erfüllte also gewisse Forderungen der Sozialdemokraten, um die konservative Wende in seiner damaligen Politik besser einleiten zu können. Der Anfang des Sozialstaates in Deutschland war folglich kein linkes Projekt, sondern das Gegenteil davon.

Unbeabsichtigt schuf Bismarck Historisches. Sein Vorbild machte weltweit Schule, führten doch fast alle Länder in den nächsten Jahrzehnten ähnliche staatliche Rentensysteme ein. Und erst damit kam es, dass mit der Pensionierung ein neuer, spezifischer Lebensabschnitt entstand. Denn die Voraussetzung für den Bezug einer Rente war, dass man explizit nicht mehr arbeitete. Man trat damit in den Ruhestand ein, dessen zentrales Merkmal folglich darin bestand, dass man keiner Erwerbsarbeit mehr nachging.

Zu den Ländern, welche die Entwicklung in Deutschland aufmerksam verfolgten, gehörte natürlich auch die Schweiz. Nicht nur die geographische Nachbarschaft war dafür verantwortlich. Auch die Präsenz der vielen deutschen Sozialdemokraten sorgte dafür, die sich wegen des Verbotes ihrer Partei ins Nachbarland mit seiner ausserordentlich liberalen Einwanderungspolitik abgesetzt hatten. Im Exil pflegten sie intensiven Kontakt mit den Schweizer Genossinnen und Genossen und beeinflussten deren Denken und Handeln. Auch hier entwickelte sich die «soziale Frage» zu einem der wichtigsten Themen auf der politischen Traktandenliste. Zentral dabei war der Blick auf die Entwicklung in Deutschland. Der Historiker Martin Lengwiler schreibt, man könne «die Vorbildwirkung der bismarckschen Sozialgesetzgebung auf die schweizerische politische Elite vor dem Ersten Weltkrieg kaum überschätzen». Die ersten Vorstösse im eidgenössischen Parlament, die eine staatliche Unfallversicherung verlangten, wurden bereits 1885 eingereicht, also nur zwei Jahre nach Verabschiedung des deutschen Krankenversicherungsgesetzes und praktisch zeitgleich mit dem Reichstagsbeschluss über das Unfallversicherungsgesetz. In den 1890er-Jahren folgten dann erstmals Forderungen nach der Einführung einer staatlichen Alters- und Invalidenversicherung, nachdem eine solche im Kaiserreich 1889 beschlossen worden war.

Sie fanden beim Bundesrat grundsätzlich offene Ohren. «Auch aus Sicht der schweizerischen Regierung war der Modellcharakter der bismarckschen Sozialversicherungsgesetze unbestritten», schreibt Martin Lengwiler. In der Schweiz setzte sich primär der radikal-demokratische Flügel des Freisinns, unterstützt von bürgerlichen Sozialreformern, dafür ein. Diese Kräfte dürften, neben von sozialen Überzeugungen, von den gleichen Überlegungen motiviert worden sein, die Bismarcks Handeln bestimmt hatten: nämlich präemptiv mögliche Argumente der Linken im politischen Kampf zu neutralisieren. So kam es, dass der Bundesrat im Jahr 1889 in seiner Abstimmungsbotschaft zur ersten sozialstaatlichen Vorlage der Schweiz – einem Verfassungsartikel, der den Bund zur Gesetzgebung im Kranken- und Unfallversicherungsbereich ermächtigen sollte – darauf verzichtete, die Vorlage selbst zu begründen. Stattdessen zitierte er seitenlang aus einer Stellungnahme, mit der die preussische Regierung im März 1881 ihren Gesetzesentwurf zur Unfallversicherung begründet hatte. Darin findet sich unter anderem die bemerkenswerte, an die «besitzlosen Klassen der Bevölkerung» gerichtete Passage: Die Gesetzgebung werde dazu beitragen, «den Staat nicht als eine lediglich zum Schutz der besser situierten Klassen der Gesellschaft erfundene, sondern als eine auch ihren Bedürfnissen und Interessen dienende Institution aufzufassen».

Es dauerte dann bekanntlich in der Schweiz noch ziemlich lange, bis eine AHV effektiv realisiert wurde. Nachdem die Einführung einer solchen zu den Forderungen gehörte, die den Generalstreik von 1918 begleitet hatten, scheiterte ein erster Umsetzungsversuch: Der freisinnige Bundesrat Edmund Schulthess hatte eine Vorlage für eine Alters- und Hinterlassenenversicherung ausgearbeitet, die vom Parlament 1929 gutgeheissen wurde. Doch konservative Kreise ergriffen das Referendum. Sie vertraten die Auffassung, dass die Altersvorsorge privat und ohne staatliche Mittel organisiert werden müsse. 1931 scheiterte die Lex Schulthess genannte Vorlage in der Volksabstimmung.

Die Arbeiten an einer neuen Vorlage kamen nur schleppend voran, weil die Weltwirtschaftskrise und der Ausbruch des Zweiten Weltkriegs alle anderen politischen Themen in den Hintergrund drängten. Kurz nach Kriegsbeginn beschloss der Bundesrat gestützt auf seine ausserordentlichen Vollmachten die Einrichtung einer Lohnersatz-Ordnung für Wehrmänner, die mittels je zweier Lohnprozente von Arbeitnehmern und Arbeitgebern sowie eines Bundeszuschusses finanziert wurde. Es war dies das Ergebnis eines Lernprozesses nach dem Ersten Weltkrieg, stellte doch die Verarmung zahlreicher Wehrmänner und ihrer Familien infolge langer Militärdienste einen Grund für den Generalstreik von 1918 dar. Die Vorteile dieser Lohnabsicherung waren offensichtlich und gegen das System der Finanzierung meldete sich angesichts der bedrohlichen Sicherheitslage des Landes kaum Kritik.

Damit war der Boden für die überfällige Einführung einer allgemeinen Altersrente vorbereitet. Man verstand die Einführung einer AHV im Sinne der geistigen Landesverteidigung als Element eines nationalen Schulterschlusses, der alle Klassengegensätze einebnen sollte. Nun ging es rasch: In der Neujahrsansprache von 1944 gab Bundesrat Walther Stampfli bekannt, der Bundesrat strebe die rasche Einführung einer staatlichen Altersvorsorge an. Bereits drei Jahre später, am 6. Juli 1947, stimmte das Volk mit enorm hohen 80 Prozent der Vorlage zu. Diese fixierte das Pensionierungsalter bei 65 für beide Geschlechter; die Finanzierung sollte über Beiträge von Arbeitnehmern und -gebern sowie von Bund und Kantonen erfolgen. Die Renten wurden bescheiden gehalten, damit sie nicht die private Vorsorge konkurrenzierten: Die einfache Altersrente betrug monatlich 40 bis 125 Franken bei einem durchschnittlichen Einkommen in der Industrie von 745 Franken.

Das gewählte System glich stark demjenigen Deutschlands. Besonders das identische starre Pensionierungsalter 65 sticht ins Auge, das der nördliche Nachbar seit 1916 – nach einer Senkung um fünf Jahre – kannte. Auch die USA hielten sich an dieses Beispiel, als Präsident Franklin D. Roosevelt 1935 den Social Security Act durchs Parlament brachte und damit ein staatliches Rentensystem schuf.

Als die Schweiz schliesslich über zehn Jahre später nachzog, hatte sich die Welt noch stärker von den Verhältnissen entfernt, die zu Bismarcks Zeiten vorherrschten. Die Lebenserwartung war wesentlich höher, die Lebensumstände hatten sich verbessert. Kürzere Arbeitszeiten, mehr Ferien und hygienischere Verhältnisse in den Fabriken trugen zu einer besseren Gesundheit und einer höheren Lebensqualität bei, auch für Fabrikarbeiter. Doch man sah in Bern keinen Anlass, vom deutschen Vorbild abzuweichen und zum Beispiel ein höheres Rentenalter vorzusehen. Daran hat sich bis heute nichts geändert. In der Schweiz wurde später gar das Stichjahr für Frauen in zwei Schritten gesenkt und erst in jüngster Zeit gegen grossen Widerstand erneut auf 65 angehoben.

So pensioniert die Schweiz bald einmal 150 Jahre nach Bismarck im Kern immer noch nach dessen Modell. Dies betrifft nicht nur die Art der Finanzierung, die aus einer Kombination von Beiträgen von Arbeitgebern, Arbeitnehmern und dem Staat besteht. Noch viel frappanter ist, dass das Rentenalter in der Schweiz immer noch bei 65 verharrt, der Alterslimite der deutschen Rentenregelung von 1916 (die kürzlich auf 67 angehoben worden ist)! Trotz einiger Lockerungen dominiert in den Köpfen der Schweizer Bevölkerung immer noch die Zahl 65 als fixer Zeitpunkt für das Ausscheiden aus dem Arbeitsprozess, was nicht erstaunlich ist, weil sich bei der Pensionierung fast alle Firmen an diese Zahl halten.

Stünde man heute vor der Aufgabe, erstmals eine Altersvorsorge zu konzipieren, würde man wohl kaum mehr auf dieses System kommen. Dessen Einführung stand unter dem Eindruck der miserablen Lebensbedingungen der

Arbeiterschaft in der Frühindustrialisierung, die ohne sozialen Schutz an sechs Tagen in der Woche arbeiten mussten, oft unter kläglichen hygienischen Bedingungen. Die grassierende Altersarmut überforderte lange Zeit die staatlichen Strukturen. Dies führte in Kunst und Literatur zu einer Welle sozialkritischer Werke. Grafiker oder Maler wie Gustav Courbet, Édouard Manet oder Käthe Kollwitz thematisierten in ihren Bildern die harten Lebensbedingungen des einfachen Volkes oder das Elend der Arbeiter; Schriftsteller wie Charles Dickens, Victor Hugo, Émile Zola oder Gerhart Hauptmann taten es ihnen wortreich gleich.

Rund 150 Jahre später hat sich die Welt enorm verändert: die Menschen leben viel länger und sind viel gesünder. Rauchende Fabrikschlote sind in der Landschaft nirgendwo mehr auszumachen, die Dienstleistungsgesellschaft hat die Industriegesellschaft abgelöst, Roboter schrauben Autos zusammen, die Digitalisierung hat die harte körperliche Arbeit im Arbeitsalltag stark ersetzt. Arbeitsformen haben sich geändert, der Google-Grove und das Homeoffice, Projektarbeit oder Teilzeitarbeit haben zu einer Vermischung von privater und beruflicher Sphäre geführt. Heute wird mobil und flexibel gearbeitet, man wechselt den Beruf, macht eine zusätzliche Ausbildung, schaltet eine Weltreise ein – kurz: Wer ausser den Sozialdemokraten und den Grünen käme heute angesichts dieser Realitäten noch dazu, ein Rentensystem zu entwerfen, das auf der Vorstellung basiert, dass man bis zu einem fixen Lebensjahr voll arbeitet und dann von einem Tag auf den anderen nicht mehr? Wohl niemand. Und dennoch funktioniert die Pensionierung in der Schweiz weitgehend immer noch so.

6. Ein System, das immer weniger reformierbar ist

Seit der Einführung einer allgemeinen Altersrente in Deutschland im 19. Jahrhundert hat sich die Welt enorm verändert. Lebensbedingungen, Lebenserwartung, Arbeitsplatzhygiene, soziale Absicherung – all das hat sich seither deutlich verbessert. Der Reformbedarf eines Systems, das in seinen Grundstrukturen 150 Jahre alt ist, scheint angesichts dieser neuen Realität offensichtlich zu sein – ein *«no brainer»*, wie der Amerikaner sagen würde.

Doch die Realität ist eine ganz andere. Dies zeigt ein eher zufälliges Beispiel aus dem Kanton Luzern. Dort beabsichtigte die Regierung im Jahr 2016, im kantonalen Personalgesetz die Bestimmung zu ändern, wonach die Anstellung mit dem Erreichen des 65. Altersjahrs endet; nur ausnahmsweise konnten Beamtinnen und Beamte bis 68 weiterbeschäftigt werden. Die Exekutive schlug vor, dass eine Weiterbeschäftigung bis 70 grundsätzlich möglich sein sollte. Sie begründete dies damit, dass man so dem Bedürfnis nach flexibleren Anstellungsbedingungen entsprechen könne. Zudem würden sich auf diese Weise bei Rekrutierungsschwierigkeiten einfacher Übergangslösungen finden lassen. So weit, so vernünftig. Doch die Regierung hatte die Rechnung ohne die SP gemacht. Letztere opponierte gegen diese Pläne mit dem Argument, dass dadurch die Karrierechancen der Jüngeren beeinträchtigt würden. Mit einer Weiterbeschäftigung oder einer Neueinstellung nach der Pensionierung verwehre man den jungen Menschen die Möglichkeit, verantwortungsvolle Positionen zu übernehmen. Die SP wolle einen Kanton, der sich bildungs- und personalpolitisch aktiv dafür einsetze, jungen Leuten eine Chance zu geben. Eine allfällige Beschäftigung bis 70 sei bloss der Weg des geringsten Widerstands, um Personalprobleme zu lösen. Eine Anstellung über das ordentliche Pensionierungsalter hinaus müsse deswegen weiterhin eine absolute Ausnahme bleiben. Der SP gelang es so, die Vorlage zu Fall zu bringen.

Der Fall illustriert die in linken Kreisen nach wie vor verbreitete Auffassung eines statischen Arbeitsmarkts. Arbeit sei ein begrenztes Gut; würden etwa geburtenstarke Jahrgänge einen Job suchen, müsse diese wachsende Nachfrage mit einer generellen Reduktion der Arbeitszeiten aufgefangen werden. Die Beweise, dass dies nicht zutrifft, füllen längst die Archive. So sind die Männer nicht reihenweise arbeitslos geworden, als die Frauen in den 1960er- und 1970er-Jahren zu Tausenden in den Arbeitsmarkt eintraten. Hans-Joachim Voth, Professor für Entwicklungsökonomie an der Universität Zürich, schrieb kürzlich: «Dahinter steckt die irrige Vorstellung, dass durch den Austritt eines 65-Jährigen ein Platz frei wird für eine jüngere Person. Tatsächlich handelt es sich hier nicht um ein Nullsummenspiel mit einer fixen Menge an Arbeit. Denn jeder, der im Arbeitsprozess drin ist, schafft dadurch wieder zusätzliche Aufgaben für weitere Menschen.» Dennoch hält sich die Vorstellung von einem begrenzten Gut Arbeit hartnäckig in linken Kreisen. Und es ist offensichtlich, dass deren Blockademacht bei AHV-Reformen wächst, selbst wenn es sich nur um derart geringfügige Modifikationen handelt wie im Kanton Luzern geplant.

In der ersten Phase nach der Einführung der AHV 1948 war dies noch anders. Es handelte sich um bürgerliche Politiker, die eine entscheidende Rolle bei der Weiterentwicklung dieses Sozialwerkes spielten. Sie brachten die Sichtweise der Wirtschaft und der vielen Pensionskassen in die AHV-Debatte ein. Die Rolle der SP bestand darin, Druck für Verbesserungen aufzubauen und mit den politischen Gegnern Kompromisse zu schmieden. So gelangen in rascher Folge substanzielle Verbesserungen der Altersvorsorge.

Doch ungefähr mit der Jahrtausendwende begannen sich die Gewichte zu verschieben. Erstmals demonstrierte dies die SP (zusammen mit den Grünen) im Jahr 2004. Der Bundesrat wollte das Rentenalter der Frauen auf 65 anheben und die Witwenrenten einschränken. Die Genossinnen und Genossen opponierten heftig und errangen in der Volksabstimmung mit 67,9% Neinstimmen einen deutlichen Sieg. Eine Neuauflage dieser Revision scheiterte 2010 bereits im Parlament am Widerstand der Linken. Nach einer Atempause versuchte Bundesrat Alain Berset einen grossen Wurf, indem er in zwei parallelen Vorlagen sowohl AHV wie die 2. Säule (BVG) reformieren wollte. Im Zentrum der Vorschläge stand die Anhebung des Rentenalters der Frauen auf 65 Jahre in der AHV und im BVG, die Flexibilisierung des Altersrücktritts in beiden Versicherungen, eine Zusatzfinanzierung für die AHV über eine Anhebung der Mehrwertsteuer sowie die Senkung des Mindestumwandlungssatzes im BVG.

Die Linke war sich uneins, ob sie die Kröte einer Erhöhung des Frauenrentenalters schlucken sollte, um dafür Fortschritte in anderen Bereichen ins Trockene zu bringen – immerhin stammte das Reformprojekt aus der Küche von Parteimitglied Alain Berset. Ein Beitrag im *Tages-Anzeiger* vermittelt einen Einblick in die damalige Gemütslage der linken Opposition: «So wie die SGB-Führung (SGB = Schweizerischer Gewerkschaftsbund, Anm. d. Autors) befürwortet auch das Präsidium der SP-Frauen die Ständeratslösung – ‹aus Realismus›, wie Co-Präsidentin Cesla Amarelle sagt. Doch ob die Basis folgen werde, sei ‹völlig offen›, sagt Amarelle. Die Waadtländer SP-Nationalrätin konstatiert bei den Frauen einen ‹wachsenden politischen Unmut›. Seit zwei Jahrzehnten ‹warten die Frauen vergeblich auf politische Massnahmen zur Lohngleichheit›. Immer noch seien viele Frauen im Alter finanziell schlechter gestellt als die Männer. Zudem seien typische Frauenjobs wie etwa im Verkauf durch die Automatisierung besonders stark bedroht. Und jetzt komme zu alledem auch noch der Sexismus eines Donald Trump dazu, sagt Amarelle. ‹All das fördert unter Frauen den Frust und die Lust, aufzubegehren und zu sagen: Jetzt reicht es!› Sie fürchte, dass dieser Moment mit der Rentenreform erreicht werden könnte.»

Da auch im bürgerlichen Lager viel Kritik an den geplanten Ausbauschritten geäussert worden war und FDP wie SVP die Nein-Parole beschlossen hatten, scheiterte das Projekt in der Volksabstimmung vom 24. September 2017. Die damalige Präsidentin der Juso, die spätere SP-Nationalrätin Tamara Funiciello, zeigte sich erfreut über diesen Beweis linker Vetomacht: «Ohne die geeinte Linke und ohne die Frauen wird eine Rentenreform nicht durchzusetzen sein», kommentierte sie das Abstimmungsergebnis am Radio SRF.

In vergleichbarer Weise wuchs der Einfluss der SP hinsichtlich BVG-Themen. Eine Senkung des Umwandlungssatzes in der beruflichen Vorsorge wurde im März 2010 wuchtig abgelehnt. 2014 wiederholte sich die Geschichte: Die BVG-Reform 2021, die unter anderem wieder eine Senkung des Umwandlungssatzes, aber auch gewisse Verbesserungen für Wenigverdienende gebracht hätte, fand an der Urne ebenfalls keine Gnade. Die *NZZ* zeigte sich ernüchtert über diesen «Triumph für die Linken»: «Was für ein Fiasko. Die bürgerlichen Parteien und die Wirtschaft wollten unbedingt vermeiden, dass die Reform der beruflichen Vorsorge (BVG) noch einmal so krachend scheitert wie im Jahr 2010. Damals hat das Volk über eine ‹nackte› Senkung des Umwandlungssatzes ohne Ausgleichsmassnahmen abgestimmt. Das Verdikt war brutal: 73 Prozent sagten Nein. Nun hat das Parlament mit grossem Aufwand in einem jahrelangen Prozess eine Vorlage mit milliardenschweren Kompensationen beschlossen. Und doch haben am Sonntag laut dem vorläufigen amtlichen Schlussresultat wieder 67 Prozent Nein gesagt.»

In dieses Bild passt die Sensation des Politjahres 2024, der historische Bedeutung zukommt. Erstmals fand eine Initiative der Linken, die einen Ausbau des Sozialstaates – in diesem Fall eine 13. AHV-Rente – forderte, die Zustimmung der Bevölkerung. Dieser Überraschungscoup illustriert im

Umkehrschluss, dass die Linke nun eine gewisse Gestaltungsmacht beim Thema Sozialversicherungen erreicht hat. Denn alle bürgerlichen Parteien inklusive der GLP hatten sich gegen eine 13. AHV-Rente ausgesprochen, unter anderem, weil die Finanzierung völlig ungeregelt sei.

Diese Entwicklung trägt zu einer immer ausgeprägteren Reformunfähigkeit der AHV bei. Das liegt durchaus im Interesse der SP. Strategisch zielt sie darauf ab, die erste Säule des Rentensystems zu stärken und die zweite zu schwächen. Denn in der AHV ist die Umverteilung am grössten. Die Jüngeren finanzieren mit ihren Lohnbeiträgen direkt die Renten der Pensionierten, und Gutverdiener zahlen viel mehr ein, ohne dass dies Auswirkungen auf die Höhe ihrer Rente hätte. Der Umverteilmechanismus wirkt zusätzlich durch die Tatsache, dass die AHV-Beiträge aus der Bundeskasse erhält und so teilweise über Steuern finanziert wird, die ja bekanntlich ebenfalls überproportional von den Besserverdienenden alimentiert werden. Die meisten Pensionierten erhalten deswegen mehr aus dem AHV-Topf, als sie einbezahlt haben. In der Pensionskasse, also der zweiten Säule, spart man dagegen für sich selbst – man besitzt die eigenen Vorsorgeersparnisse. Im Unterschied zur AHV gibt es hier im Prinzip keine Umverteilung und keine Subventionen.

Ihre Vetomacht setzt die Linke ein, um die Weiterentwicklung der AHV in eine von ihr favorisierte Richtung zu lenken. Andere Reformansätze interessieren sie nicht. Dies zeigt sich gerade beim Thema Pensionierungsalter, wo 65 als sakrosankt gilt. Bei der Präsentation ihrer Vorschläge für die «AHV-Reform 2030» sagte SP-Bundesrätin Elisabeth Baume-Schneider im Frühsommer 2025: «Ich finde Rentenalter 65 sinnvoll.» Folglich wird eine Weiterbeschäftigung über diese Schwelle hinaus vom Bundesrat nicht aktiv gefördert, sondern im Gegenteil erschwert. Darum wird ein Luzerner Beamter oder eine Luzerner Beamtin weiterhin gezwungen, mit 65 in Pension zu gehen. Es zeigt sich an diesem Beispiel, was für die Linke generell gilt: Für diese sind nur zwei Reformen der AHV wirklich akzeptabel – eine Senkung des Pensionierungsalters und eine Erhöhung der Renten, im Idealfall gleich kombiniert. Gegen alle anderen Änderungen legt sie sich quer, insbesondere gegen eine Erhöhung des Rentenalters. Käme es so weit, dann würden schlimme Zustände drohen. Im «Wörterbuch der Schweizer Sozialpolitik» (Seismo Verlag 2020) schildert René Knüsel, ein der SP nahestehender Professor an der Universität Lausanne, in düsteren Farben, was sich dann ereignen würde: «Die finanzielle Situation der Rentner und Rentnerinnen könnte daher in Zukunft zum Problem werden. Zweifelsfrei werden viele von ihnen gezwungen sein, weiter zu arbeiten, um Lücken in der beruflichen Vorsorge zu decken. Sie können daher zur Annahme von wenig stabilen Arbeitsverhältnissen, Teilzeitstellen oder Vertretungen gezwungen sein, die ungünstige oder nicht zu ihrem Alter passende Arbeitsbedingungen bieten.»

International finden sich dagegen zahlreiche Stimmen linker Politikerinnen oder Politiker, die sich für die Anhebung des Rentenalters aussprechen. Dänemark hat unter dem Einfluss der SP-Ministerpräsidentin Mette Frederiksen beschlossen, das Rentenalter auf 70 Jahre zu erhöhen. François Hollande, ehemaliger Präsident von Frankreich, legte in seiner Amtszeit eine Rentenreform vor, die eine Anhebung des Pensionierungsalters vorsah. Gerhard Schröder, Bundeskanzler der SPD, sagte zu diesem Thema: «Wir müssen die Rentenversicherung zukunftsfest machen. Dazu gehört auch, dass wir über das Rentenalter reden müssen.» Mittlerweile hat Deutschland dieses um zwei Jahre auf 67 angehoben.

Doch in der Schweiz blendet die Linke diese Entwicklungen aus, obwohl sie gerade in Ländern stattfinden, an denen sie sich politisch jeweils orientiert. SP, Gewerkschaften und Grüne verdrängen dabei, dass schon heute die AHV den grössten Ausgabenblock der Sozialpolitik darstellt. Die demographische Entwicklung wird dafür sorgen, dass dieser rasch noch grösser wird. War 1960 noch jeder oder jede Zehnte über 65 Jahre alt, so ist es heute bereits jeder oder jede Fünfte. In zwanzig Jahren wird bereits ein Viertel der Bevölkerung zu dieser Altersgruppe gehören. Damit nehmen die Ausgaben für die AHV weiter zu, ohne dass andere Vorstellungen als eine Erhöhung von Steuern bestünden, wie dieses Wachstum finanziert werden soll. Gleichzeitig sinkt die Geburtenrate in der Schweiz weiter. Dadurch müssen immer weniger Berufstätige die Renten der Pensionierten finanzieren. Doch selbst diese statistischen Tatsachen beeindrucken die Linke nicht. Diese Realitätsverdrängung lässt sich nur so erklären, dass beim Thema Pensionierung die Ideologie über die Fakten triumphiert. Die Ideologie besagt, dass das Alter generell und die Lebensbedingungen vieler älterer Menschen auch heute schrecklich seien. Die Betagten würden häufig in Not und Armut leben und seien krank und hilflos dem Verfall ihrer Kräfte ausgesetzt.

Wenn linke Politikerinnen und Politiker über diese Menschengruppe sprechen, dann tun sie dies in einer wohlgemeinten Art und Weise, die meist unfreiwillig herablassend wirkt. Zum Standardrepertoire gehört die Formulierung, die sich in sämtlichen Äusserungen der SP zu AHV- und Rententhemen findet: «Alle Menschen haben es verdient, in Würde alt zu werden und den Lebensabend geniessen zu können.» «Würde» meint offensichtlich ein möglichst gut finanziertes Nichtstun. Nicht würdig wäre ein schlecht finanziertes Nichtstun. Nicht das Tun, sondern das Nichtstun stellt also die Grundbedingung für Würde dar, die für die SP das ultimative Merkmal des Alters darzustellen scheint. «Doch nicht verzagen!», ruft die SP in einem Papier über Alterspolitik den Betroffenen zu. Diese sollten nicht übersehen, «welche Bedeutung Menschen im dritten, aktiven Alter für den Zusammenhalt der Generationen und der Gesellschaft haben, indem sie beispielsweise als Grossmütter und -väter bei der Betreuung der Enkelkinder mitwirken oder sich in der Freiwilligenarbeit engagieren.» Damit ist klar, wo die Partei die über 65-Jährigen sieht: als Grosseltern und Vereinskassiere. Ihre Rolle besteht darin, Kitt für die Gesellschaft zu sein, egal, wie sie sich selbst zu dieser Perspektive stellen. Schliesslich erhalten sie ja vom Staat eine Rente.

Aber wissen denn die Linken überhaupt, wovon sie sprechen? In der Schweiz sind die Mitglieder der Grünen meist Akademikerinnen oder Akademiker; keine andere Partei weist ein höheres durchschnittliches Bildungsniveau aus. Die mitfühlenden Worte über das Leben der einfachen Menschen und die drohende Würdelosigkeit nach der Pensionierung können kaum das Resultat von täglichen Kontakten mit solchen Personen sein. Die Grünen wie die SP verkehren primär mit ihresgleichen. Man lebt in den Genossenschaftssiedlungen, in denen die Zahl der Umweltwissenschaftler hoch, die Zahl der Gipser und Schuhverkäuferinnen aber tief ist. Naheliegend ist, dass für eine ETH-Absolventin ein Leben als Schuhverkäuferin schrecklich sein muss, weil es ihren Vorstellungshorizont übersteigt, dass man als Schuhverkäuferin glücklich sein kann. Aber vielleicht gibt es das ja wirklich: Schuhverkäuferinnen, die ihren Job gerne machen? Um das herauszufinden, müsste man sich mit diesen austauschen. Doch das könnte unwillkommene Konsequenzen haben, nämlich die Befriedigung zerstören, die einen erfüllt, wenn man die eigenen sozialromantischen Bedürfnisse auf vermeintlich unglückliche Bevölkerungsschichten projiziert.

In den jüngsten Abstimmungskampagnen zu AHV-Vorlagen finden sich viele Beispiele für diese Denkmuster. So heisst es etwa in einem Argumentarium der SP gegen eine Erhöhung des Rentenalters für Frauen: «Am meisten trifft die AHV-Vorlage Frauen mit harten Jobs und tiefen Löhnen». Oder kürzer: «Die Frauen werden geopfert.» «Es geht bei dieser Vorlage um Frauen, die seit Jahrzehnten zu tiefen Löhnen in harten Jobs arbeiten – in der Reinigung, im Detailhandel, in der Pflege. Sie können sich keine Frühpensionierung leisten und müssen ein Jahr länger arbeiten, obwohl viele von ihnen jetzt schon erschöpft sind.» Oder: «Die Vorschläge für eine allgemeine Erhöhung des Rentenalters auf 67 liegen auf dem Tisch. Die Konsequenz ist ein Zweitklassen-Rentensystem, in dem sich Topverdiener und Manager frühpensionieren lassen können, während alle anderen immer länger arbeiten müssen.» «Die SP wehrt sich gegen ein Rentensystem, in dem sich Topverdiener:innen frühpensionieren lassen und alle anderen bis zur Erschöpfung arbeiten müssen.» Hier wird ein Bild des Alters gezeichnet wie aus einem frühsozialistischen Traktat: erschöpfte Existenzen, die sich mit letzter Kraft über die Ziellinie der Pensionierung schleppen. Eine Passage in einem Papier der parteiinternen Gruppierung SP 60+ illustriert diesen *Mindset* sehr schön: «Eine soziale Alterspolitik beinhaltet auch Betreuung und Pflege in allen Lebenssituationen. Gute Betreuung sichert ein würdevolles Alter.»

Was zu Bismarcks Zeiten noch eine beträchtliche Berechtigung hatte, wirkt in der heutigen Zeit wie ein Zerrbild der effektiven Verhältnisse. Natürlich gibt es Jobs, die körperlich anstrengend oder geistig abstumpfend sind. Natürlich gibt es Arbeitnehmer, die darunter leiden. Aber daraus ein generelles Bild des Alters zu zimmern, ist intellektuell unredlich. Dass die SP und die Grünen dennoch daran festhalten, ist Ausdruck einer primär negativen Sicht auf die Arbeit und eines primär defizitfokussierten Altersbildes.

7. Vulgärmarxistische Sicht auf die Arbeit

Kurz vor Weihnachten 2024 debattierte der Deutsche Bundestag über einen Vorstoss der FDP, der eine Flexibilisierung der Arbeit respektive der Arbeitszeiten verlangte. Der SPD-Abgeordnete Mathias Papendieck ergriff dabei das Wort und sagte, es sei besser, nur 35 statt 48 Stunden zu arbeiten, solange das Ergebnis stimme. «Wir müssen Menschen nicht einfach quälen auf Arbeit.» Eine Zustimmung zum Vorschlag der Liberalen kam für ihn nur schon deswegen nicht in Frage, weil er diesen unterstellte, nicht flexiblere, sondern höhere Arbeitszeiten anzustreben.

Wie aufschlussreich ist doch die Argumentation der deutschen Sozialdemokraten, bei denen der Niedergang der deutschen Wirtschaft offenbar noch nicht angekommen ist! Für ihn ist Arbeit Qual. Daraus zieht er die aus seiner Sicht logische Schlussfolgerung, dass weniger Arbeit das Ausmass der Qual reduziert. Wem das schreckliche Schicksal ganz erspart bleibt, arbeiten zu müssen – etwa weil er pensioniert wurde –, der muss folglich im Paradies leben.

Die Antike sah dies genauso wie der Abgeordnete aus Schöneiche in Brandenburg. Bei den Griechen oder Römern galt Arbeit als minderwertig. Sie betrachteten die Musse als die höchste Lebensform, liess diese doch Zeit für die Körperertüchtigung, für philosophische Debatten und die Pflege der Künste. Für Aristoteles etwa verhinderte die manuelle Arbeit die Herausbildung positiver Persönlichkeitszüge: «Diejenigen, die durch harte Arbeit ihren Lebensunterhalt verdienen, haben keinen Anteil an Tugend, weil ihr Leben von Notwendigkeiten bestimmt wird.» Dass Platon nie Kritik an der Sklaverei äusserte, ergibt sich aus dieser Einstellung. Jemand musste sich schliesslich den Notwendigkeiten des Lebens annehmen und seine Wäsche besorgen. Indem die Sklaven dies für ihn taten, konnte er sich seinen philosophischen Werken widmen. Die führenden Schichten der Römer gingen ebenfalls keiner Arbeit im eigentlichen Wortsinn nach. Sie betätigten sich in der Politik, führten vielleicht als Heerführer Kriege, regierten Provinzen und verwalteten ihre Landgüter. Voraussetzung für dieses Gesellschaftsmodell war das Vorhandensein von Heerscharen von Leibeigenen. Diese mussten die manuellen Tätigkeiten erledigen.

Unter dem Einfluss der griechischen Denker kannte auch das frühe Christentum durchaus Strömungen, welche die Arbeit negativ sahen. So wird diese in der Bibel als der Preis bezeichnet, den Adam und Eva für ihren Sündenfall zu bezahlen hatten. Aber es entwickelten sich im frühen Mittelalter zunehmend andere Auffassungen. In manchen Klöstern oder für manche Orden galt Arbeit als wichtiges Strukturelement für den Tagesablauf, besonders ausgeprägt bei den Benediktinern, deren berühmte Ordensregel lautet: «Ora et labora» – «Bete und arbeite». Der Protestantismus ging noch einen Schritt weiter. Für ihn galt Tätigsein als zentrales Element der menschlichen Existenz. Deswegen lehnte Luther den Müssiggang dezidiert ab und betonte stattdessen immer wieder die Bedeutung von Arbeit und Fleiss. Bei der Arbeit gehe es um mehr als nur um die Notwendigkeit der Existenzsicherung. Vielmehr stelle sie eine von Gott gegebene Aufgabe dar. Deswegen könne es auch keine Unterscheidung zwischen minderen und wertvollen Beschäftigungen geben. In seiner Schrift *Von den guten Werken* schrieb Luther sinngemäss, dass der Vater, der die Windeln seines Kindes wechsle, genauso gottgefällig handle wie ein Mönch, der bete.

Die Auffassung, dass Arbeit ein zentraler Faktor der menschlichen Existenz sei, setzte sich gerade in den protestantischen Ländern durch. Deswegen kann es nicht überraschen, dass sich immer mehr Philosophen mit der Frage nach der Bedeutung und dem Wesen der Arbeit beschäftigten. John Locke oder Adam Smith gehören dazu, aber auch Hegel und Rousseau.

Und natürlich Karl Marx. Dieser entwickelte unter dem Eindruck des Frühkapitalismus mit seinem ausbeuterischen Umgang mit der Arbeiterschaft sein Ideal einer kommunistischen Gesellschaft. In seinen Theorien spielt das Konzept der entfremdeten Arbeit eine wichtige Rolle. Diese sei ein zentrales Element für das Privateigentum und die Klassengesellschaft. «Die ‹Arbeit› ist ihrem Wesen nach die unfreie, unmenschliche, ungesellschaftliche, von Privateigentum bedingte und das Privateigentum schaffende Tätigkeit», schrieb er – also ein Unding. Die Arbeitenden hätten keine Kontrolle darüber, was sie produzierten, weil das Produkt der Arbeit als Mehrwert den Besitzenden gehöre. So stelle die Arbeit eine erzwungene, mechanische Tätigkeit dar, welche die Arbeitenden um die Sinnhaftigkeit ihres Tuns bringe. Das Wesen der Arbeit sei nicht etwas Gottgegebenes, sondern von den konkreten gesellschaftlichen Umständen abhängig. Im Kapitalismus sei die Arbeit vor allem darauf ausgerichtet, Profit zu erzeugen. In einer kommunistischen Gesellschaft wäre dies anders: Mit einem Wegfall des Privatbesitzes und der Klassen würde sich das Wesen der Arbeit verändern, weil sie dann eigen, sinnerfüllt, kooperativ und frei sei. Marx lehnte folglich Arbeit nicht grundsätzlich ab, sondern nur in der Form, die sie im Kapitalismus angeblich angenommen hat. Diese entfremdete Arbeit gälte es zu überwinden. «Die Aufhebung des Privateigentums wird also erst zu einer Wirklichkeit, wenn sie als Aufhebung ‹der Arbeit› gefasst wird», schrieb er einmal.

Die Theorien von Karl Marx stellen eine Reaktion auf die gesellschaftlichen Zustände des Frühkapitalismus dar. Eine ganz andere Opposition gegen die Erwerbsarbeit formierte sich mit der Romantik, die ebenfalls stark deutsch geprägt war. Ihr ging es nicht so sehr um das Bestreben, politisch zu wirken, andere Gesellschaftsmodelle zu entwickeln und eine umfassende rationale Kritik am Kapitalismus zu liefern. Vielmehr befasste sie sich mit den Folgen der modernen Industriewelt für den Seelenhaushalt des Einzelnen. Die Fabrikmoderne schwäche Traditionen und zerstöre die Natur; die Rationalisierung des Lebens raube diesem die transzendente Dimension; Mystik, Märchen, Geheimnisse und Mythen drohten verloren zu gehen. Das Sich-Abrackern in den Fabriken ruiniere jede Dimension von Transzendenz und somit den Willen und die Fähigkeit, nach etwas Höherem, Göttlichem zu streben. Heute würde man von Spiritualität sprechen. Der Schriftsteller Joseph von Eichendorff sass in öden preussischen Büros, verfasste als Jurist dröge Verwaltungsdokumente und erträumte sich grossartige Gedichte über dunkle Wälder, stille Nächte, sternklare Himmel, rauschende Wipfel und geheimnisvolle Mächte. Zu einem Systemkritiker wie Marx entwickelte er sich nie.

Gerade in Deutschland bewirkten beide Denkrichtungen – der Marxismus wie die Romantik –, dass hier die Kritik an der Arbeit besonders heftig ausfiel. So lästerte Friedrich Nietzsche in seinem Buch *Morgenröte* über die «Lobredner der Arbeit» und schrieb: «Bei der Verherrlichung der ‹Arbeit›, bei dem unermüdlichen Reden vom ‹Segen der Arbeit› sehe ich denselben Hintergedanken, wie bei dem Lobe der gemeinnützigen unpersönlichen Handlungen: den der Furcht vor allem Individuellen. Im Grunde fühlt man jetzt, beim Anblick der Arbeit – man meint immer dabei jene harte Arbeitsamkeit von früh bis spät –, dass eine solche Arbeit die beste Polizei ist, dass sie jeden im Zaume hält und die Entwicklung der Vernunft, der Begehrlichkeit, des Unabhängigkeitsgelüstes kräftig zu hindern versteht.» Bei Ernst Bloch markiert die Arbeit den Gegensatz zur Utopie, die er als zentralen Antrieb für das emanzipatorische Handeln des Menschen sieht. Deswegen müsse der Mensch von der täglichen Plackerei befreit werden, um sich dafür lustvoll den kreativen Freiheiten, dem Spiel und der Kunst widmen zu können.

In der politischen Arena fanden die Positionen von Karl Marx den grössten Widerhall, weil er ein politischer Denker war und auf die Umgestaltung der Gesellschaft hinarbeitete. Deswegen ist er immer noch die Schlüsselfigur, wenn man sich auf die Spurensuche nach den Gründen begibt, weshalb im 21. Jahrhundert ein deutscher Bundestagsabgeordneter Arbeit als Qual bezeichnet. Marx schrieb, Arbeit sei «die entfremdete Wesenswirklichkeit des Menschen». Die Realität der Arbeitswelt verhindere, dass der Mensch ganz Mensch sein könne. «Das Reich der Freiheit beginnt in der Tat erst da, wo das Arbeiten, das durch Not und äussere Zweckmässigkeit bestimmt ist, aufhört; es liegt also der Natur der Sache nach jenseits der Sphäre der eigentlichen materiellen Produktion», schrieb er im 3. Band von *Das Kapital.*

Für überfüllte Säle, rauchige Hinterzimmer, für den Schlagabtausch in den Parlamenten eigneten sich diese vielfach schwierig zu lesenden Argumentationen aber schlecht. Sie wurden deswegen verkürzt, vereinfacht und komprimiert. Diese Vergröberung zwecks besserer Nutzbarkeit marxistischer Theorien im politischen Nahkampf bezeichnet man gerne als Vulgärmarxismus. Für diesen gilt Arbeit ausschliesslich als mühseliger Broterwerb, als freudlose Plackerei, als Mittel für die Akkumulation von Reichtum bei den Besitzenden. Unterschlagen wird, dass Marx selbst die Arbeit vielschichtiger sah: Unter den richtigen politischen Verhältnissen könne Arbeit auch kreativ, selbstermächtigend und erfüllend sein, argumentierte er stets. Soweit ist der SPD-Abgeordnete Mathias Papendieck in seiner Marx-Lektüre aber offensichtlich nicht gekommen.

Er ist kein Einzelfall: In den heutigen Debatten über Arbeitszeiten oder Altersvorsorge wird von linker Seite mehrheitlich gleich undifferenziert argumentiert. Es dominiert die Sichtweise, wonach Arbeit eine Last oder einen Zwang darstelle. Deswegen sei es erwünscht, den Einzelnen vor dieser angeblichen Qual umfassend zu schützen und ihn möglichst früh gänzlich davon zu erlösen. Die Verhinderung einer Erhöhung des Rentenalters im Kanton Luzern oder die Bekämpfung einer liberaleren Arbeitszeitregelung im deutschen Bundestag illustrieren dies sehr schön – oder die SP-Argumentation, mit der Erhöhung des Rentenalters für Frauen um ein Jahr müssten viele, beispielsweise Schuhverkäuferinnen, erst recht «bis zur Erschöpfung» arbeiten. Alle Indizien weisen darauf hin, dass die IV-Rentenbezugsquote von Verkäuferinnen in etwa dem Durchschnitt entspricht. Zudem werden mehr als die Hälfte der IV-Renten aufgrund von psychischen Krankheiten gewährt. Doch eine Verkäuferin bedient das Narrativ der Erschöpfung besser als ein Prokurist. Eine Erschöpfung illustriert man wirkungsmächtiger mit Menschen in einfacheren Berufen, auch das eine Verkürzung der Realität; gerade Polizisten, Pflegefachleute oder Lehrpersonen erleiden – wie ein Blick in die Statistiken der Invalidenversicherung (IV) zeigt – mit stärkerer Häufung Burnouts als das Verkaufspersonal, sind aber propagandistisch weniger gut verwendbar.

Plädierte Marx noch dafür, das Wesen der Arbeit zu verändern und deren entfremdenden Charakter zu überwinden, haben die Vulgärmarxisten daraus die Forderung gemacht, dass der Einzelne möglichst wenig arbeiten sollte. Die Folge davon sind die steten Forderungen nach einer Verkürzung der Wochenarbeitszeit, nach längeren Ferien und früheren Pensionierungen. Letztlich zählt für die Linke das Nichtarbeiten zu den zentralen Elementen eines idealen menschlichen Daseins. Der Schwiegersohn von Karl Marx, Paul Lafargue (1842–1911), bekennender Sozialist und praktizierender Arzt, hat 1883 das Zukunftsmodell einer Gesellschaft entworfen, in der pro Tag nur noch drei Stunden gearbeitet wird und der Rest des Tages für zweckfreie Beschäftigungen zur Verfügung steht. Das Buch, in dem er diese Ideen der Öffentlichkeit vorstellte, trug den Titel *Das Recht auf Faulheit*, was man auch als versteckte Spitze gegen das von den Sozialisten gerne propagierte «Recht auf Arbeit» lesen könnte. Nichts sei mehr falsch als «Arbeitsliebe, die morbide, leidenschaftliche Arbeitssucht, die bis zur Erschöpfung der Lebenskräfte des Einzelnen und seiner Nachkommen getrieben wird.»

Nicht als Polemiker, sondern als Wissenschaftler sagte der Ökonom John Maynard Keynes in den 1930er-Jahren der Arbeit eine schlechte Zukunft voraus, was ihn aber eher positiv stimmte. Dem technologischen Fortschritt sei es geschuldet, schrieb er 1930 in einem Essay *The economic possibilities for our grandchildren*, dass sich menschliche Arbeit mehr und mehr erübrigen werde. Er prognostizierte, bis 2030 sinke die Arbeitswoche auf 15 Stunden und der Einzelne werde deshalb über viel Zeit verfügen, das zu tun, was er wirklich wolle. Keynes begrüsste diese Perspektive.

Er warf die Frage auf, ob sich der Mensch wirklich weiterhin primär auf die Arbeit konzentrieren soll. Das würde den wirtschaftlichen Output und damit den Konsum kontinuierlich steigern. Seiner Meinung nach sei dies nicht wirklich erwünscht. Vielmehr sei es positiv, dass die Menschheit in absehbarer Zukunft endlich die Chance bekäme, gut und weise zu leben. «Zum ersten Mal seit der Erschaffung des Menschen sieht sich dieser mit dem wirklichen, dem grundsätzlichen Problem konfrontiert, wie er seine Freiheit von drückenden ökonomischen Sorgen nutzen, wie er die Musse, die ihm Wissenschaft und die Vermögenserträge gebracht haben, nutzen kann, um klug, angenehm und gut zu leben.» Ein Plädoyer für die Arbeit stellt dies nicht dar!

Das Ideal der Linken, möglichst wenig arbeiten zu müssen, um möglichst lang eine möglichst hohe Rente beziehen zu können, beruht letztlich auf Vorstellungen und Theorien, die Karl Marx auf dem Hintergrund des englischen Frühkapitalismus entwickelt hat. Transplantiert in das 21. Jahrhundert und reduziert auf die im politischen Alltag grassierenden plumpen Argumentationsmuster mündet das in eine reflexartige Ablehnung der meisten AHV-Reformvorschläge, insbesondere einer Erhöhung des Rentenalters. Zu diesem Zweck wird ein Bild des beruflichen Alltags entworfen, das in spezifischen Berufszweigen oder spezifischen individuellen Fällen vielleicht noch zutreffen mag. Aber diese Beispiele bilden im Zeitalter der Google-Ökonomie bestimmt nicht mehr die generell vorherrschende Wirklichkeit ab. Denn die Digitalisierung und die Individualisierung, die heute die Arbeitsrealität vieler Menschen prägen, die Möglichkeiten des Homeoffice oder ein Trend zum projektbezogenen Arbeiten haben den Stellenwert der Arbeit stark verändert. Es kann tatsächlich nicht ausgeschlossen werden, dass viele Menschen gerne arbeiten! Von diesen spricht die Linke in den sozialpolitischen Debatten eigentlich nie.

8. Arbeit macht Spass

In der Schweizer Renten- und Vorsorgediskussion dominiert der vulgärmarxistische Deprivationssound. Arbeit macht krank, Arbeit ist Plackerei, Arbeit sollte den Menschen möglichst erspart bleiben – das ist der Eindruck, der sich einem unbefangenen Zuhörer beispielsweise von parlamentarischen Debatten zu solchen Fragen vermittelt.

Doch es handelt sich dabei um ein Zerrbild. So unglaublich es in manchen Ohren auch klingen mag: Viele Menschen arbeiten tatsächlich gerne! Ihr Verhältnis zur Arbeit ist positiv konnotiert. Die Wurzeln dieses Denkens finden sich im Christentum. Die Antike sah die Arbeit noch als Domäne der Sklaven an. Diese verrichteten die physischen Tätigkeiten, die für die alltägliche Lebensbewältigung notwendig waren, was es den Herren erlaubte, ihren intellektuellen oder politischen Neigungen nachzugehen. Mit dem Christentum beginnt sich dies zu ändern. Ein anderer Blick auf die Arbeit setzte sich zunehmend durch: «Dass Arbeit viel zu tun hat mit Hingabe und Erfüllung, hat schon die christliche Tradition erkannt: In den mittelalterlichen Klöstern hat sich eine ausgeprägte Arbeitsmoral mit durchgetaktetem Tag von Gebet, Erholung und Arbeit entwickelt. Leben und Arbeiten waren keine Gegensätze, sondern flossen ineinander», schrieb die Theologin und Publizistin Béatrice Acklin Zimmermann vor einiger Zeit in einem Gastbeitrag im Zürcher *Tages-Anzeiger*.

Die plakativste Illustration dieser positiven Bewertung der Arbeit stellt das Motto des Benediktinerordens dar: «Ora et labora» – «Bete und arbeite». Das Tätigsein steht auf gleicher Ebene wie der Fokus auf das Transzendentale. Dank diesem Motto übernahmen gerade die Benediktinerklöster im frühen Mittelalter die Rolle von Pionierbastionen der Zivilisation in wenig erschlossenen Gegenden. Es waren Mönche, welche die Landwirtschaft weiterentwickelten und neue Bearbeitungsmethoden wie die Dreifelderwirtschaft einführten. Es waren Mönche, die Wälder rodeten und Land kultivierten und so die Besiedlung abgelegener Gebiete förderten. Es waren Mönche, die handwerkliche Güter herstellten, es waren Mönche, die das Bauhandwerk förderten, indem sie prachtvolle Kirchen, majestätische Klostergebäude oder repräsentative Verwaltungsdomänen erstellen liessen.

Mit dem Protestantismus setzte sich die Auffassung endgültig durch, dass Arbeit zentral für eine gottgefällige menschliche Existenz sei: Sie galt als Pflicht, die man nicht infrage stellen durfte. Martin Luther berief sich in seiner Schrift *An den christlichen Adel deutscher Nation* auf den Satz des Apostel Paulus, wonach derjenige, der nicht arbeiten wolle, auch nicht essen soll. Das Nichtstun galt für den Reformator als unchristliches Verhalten: «Müssiggang ist Sünde wider Gottes Gebot, der hier Arbeit befohlen hat.» Gottes Wohlgefallen finde man nicht in der Askese, der Weltentsagung oder dem Nichtstun, sondern in der möglichst guten Erfüllung der alltäglichen Pflichten in der Welt. Der Calvinismus verstärkte diese Sichtweise noch weiter durch den Glauben, dass sich durch eine asketisch geprägte und auf Arbeit fokussierte Lebensweise der wirtschaftliche Erfolg einstellen würde, woraus sich bereits im Diesseits eine Vorbestimmtheit für die ewige Seligkeit erahnen lasse. Fleissige kommen eher in den Himmel als Faule! All das betraf den Einzelnen, das Individuum, egal, in welchen gesellschaftlichen Umständen dieses lebte.

So wurde das Nachdenken über die Bedeutung und das Wesen der Arbeit zu einem zentralen Thema der Philosophie. In der Aufklärung begann man, zwischen Kunst und Arbeit zu unterscheiden. Die deutschsprachigen Philosophen wie Hegel, Fichte oder Kant befrachteten die Arbeit mit moralphilosophischen Prämissen; sie stelle eine sittliche Pflicht und eine Existenzbedingung für das menschliche Dasein dar. Da gingen die angelsächsischen Denker das Thema etwas pragmatischer an. Thomas Hobbes betonte, Reichtum sei nicht unbeeinflussbares Schicksal oder göttliche Fügung, sondern das Ergebnis von Arbeit. Wer mehr arbeiten würde, verfüge über höhere Chancen auf Reichtum. Adam Smith differenzierte dann zwischen unproduktiver und produktiver Arbeit. Zur unproduktiven zählte er zumeist Tätigkeiten, die in der Antike hohes Ansehen genossen: Kunst, philosophische Debatten, politische Ämter oder Militärdienst.

Bei Max Weber mündete das Nachdenken in die Grundüberzeugung, Arbeit sei eine Bereicherung des menschlichen Daseins. Er setzte damit einen Kontrapunkt zur deterministischen und von der Idee des Klassenkampfs geprägten Theorie von Karl Marx. Dieser sah die Arbeit unter den herrschenden kapitalistischen Verhältnissen ausschliesslich als Ausbeutung und Entfremdung. Max Weber setzte diesem Dogmatismus die Idee entgegen, dass sich Arbeit durch sehr viele positive Aspekte auszeichne. Sie sei zentral für die wirtschaftliche Entwicklung, für die gesellschaftliche Modernisierung und für den Fortschritt. Die Arbeit eröffne dem Einzelnen die Chance, sich persönlich weiterzuentwickeln. In seinem Werk *Die protestantische Ethik und der Geist des Kapitalismus* legte er dar, dass Arbeit nicht nur als Mittel zum Broterwerb, sondern als eine Form der Berufung verstanden werden sollte; aus letzterem Begriff leitet sich ja auch das Wort Beruf ab.

Damit kam für den grossen deutschen Soziologen der Arbeit ein moralischer Stellenwert zu. Sie wurde zum Ausdruck von persönlicher Disziplin, von Verantwortungsbewusstsein und von ethischer Haltung – Werte, die den Einzelnen motivieren und gleichzeitig die Gesellschaft stabilisieren würden. Die Wurzeln dieser positiven Auffassung verortete er im Protestantismus, genauer im Calvinismus, der die Arbeit ins Zentrum des menschlichen Lebens stellte, was – verbunden mit der Idee einer innerweltlichen Askese – die Grundlage für den Kapitalismus darstelle. Wer aus Berufung arbeitet und nicht einfach so lange, bis der Lebensbedarf gedeckt ist, der erzielt Überschüsse, also Gewinne. Da dieses Kapital wegen des Ideals der asketischen Lebensführung nicht verprasst werden durfte, blieb nichts anderes, als dieses wieder zu investieren. Das führt zu einem Wirtschaftswachstum. Deswegen sei in den modernen kapitalistischen Gesellschaften Arbeit zentral und könne glücklich machen. Marx muss sich im Grab am Bart gekratzt haben!

Mit Max Weber lässt sich auch gut erklären, weshalb der Marxismus in den USA nie eine Chance hatte, auf breite Resonanz zu stossen. Der Kollektivismus, welcher der marxistischen Kategorisierung der Gesellschaft in Klassen zu Grunde liegt, war dem Protestantismus und insbesondere dem Calvinismus völlig fremd. Wo der Einzelne individuell zu Gott in Beziehung steht, ist jeder auch individuell für sein Schicksal verantwortlich. Wer arbeitet, der erarbeitet sich wortwörtlich eine bessere Ausgangslage für ein glückliches und materiell gesichertes Dasein. Deswegen identifizieren sich der Amerikaner und die Amerikanerin viel stärker mit der Arbeit und dem beruflichen Erfolg als etwa die katholischen Südeuropäer. Die Kernüberzeugung des «American Dream» ist es, dass es ohne Arbeit keine individuellen Entfaltungsmöglichkeiten und ohne wirtschaftlichen Erfolg keine gesellschaftliche Geltung gebe. Reichtum ist in den USA deswegen positiv konnotiert.

In den Fussstapfen von Max Weber bewegt sich die österreichische Sozialwissenschaftlerin Marie Jahoda, die 1937 von den Nationalsozialisten zwangsemigriert wurde und dann in Grossbritannien wirkte. Sie hat sich mit der Funktion der Arbeit in modernen Gesellschaften beschäftigt und dabei zwischen den manifesten und latenten Aspekten der Erwerbsarbeit unterschieden. Die offensichtliche manifeste Funktion ist diejenige des Gelderwerbs. Nur so können wir den Lebensunterhalt sichern, die Miete bezahlen,

Nahrungsmittel kaufen oder die Krankenkassenprämien bezahlen. Zu den latenten Funktionen zählt sie etwa die Zeitstrukturierung. Arbeit gibt dem Tag, der Woche, dem Jahr und dem ganzen Leben ein Gerüst, indem es den zeitlichen Ablauf in Phasen der Arbeit und Phasen der Freizeit aufteilt. Sodann ermöglicht sie Sozialkontakte. Am Arbeitsplatz erweitert sich der persönliche Beziehungskreis über die engere Familie hinaus. Die Arbeit erlaube es dem Einzelnen überdies, sich an kollektiven, sinnhaften Zielen zu beteiligen. Es sind Ziele, die über die individuellen Möglichkeiten hinausgehen und so den Sinn für die Bedeutung übergeordneter Gemeinschaften vermitteln. Durch die Arbeit finden die Menschen einen Platz in der Gesellschaft, finden einen persönlichen Status und entwickeln so eine soziale Identität.

Daraus lassen sich gemäss Marie Jahoda auch die negativen Folgen der Arbeitslosigkeit ermessen: Nicht nur entfallen die finanziellen Einnahmen. Der Verlust der Arbeit hat auch zur Folge, dass grundlegende menschliche Bedürfnisse nicht mehr befriedigt werden. Die Betroffenen laufen deswegen Gefahr, durch den Wegfall der latenten Funktionen der Arbeit eine Verschlechterung des Wohlbefindens und der psychischen Gesundheit hinnehmen zu müssen.

Arbeit sei folglich von existenzieller Bedeutung, schrieb der deutsche Publizist Thomas Vašek vor einigen Jahren in einem Beitrag für das Magazin *Schweizer Monat*. «Sie schafft Gründe, sie bringt uns mit Menschen zusammen, sie gibt uns einen Sinn. Auch wenn wir sie oft als Zumutung empfinden: Wer Arbeit auf eine lästige Notwendigkeit reduziert, der verfehlt ihre wahre Bedeutung. Ohne Arbeit verkümmert der Mensch, statt seine Fähigkeiten zu entfalten... Wir brauchen sie für ein gutes, für ein gelingendes Leben. Die Einwände gegen meine These liegen auf der Hand. Der erste lautet, dass Arbeit nicht gleich Arbeit sei. Der hochqualifizierte Chirurg mag seine Tätigkeit als befriedigend empfinden, aber was ist mit der Supermarktkassiererin, die sinnlos Waren über den Scanner schieben muss – und das auch noch schlecht bezahlt? Der zweite Einwand besagt, dass Arbeit nicht alles sei. Dass es wichtigere Dinge gebe – die Familie, die Freunde und vieles mehr. Dass die Arbeit uns daran hindere, das zu tun, was wir wirklich tun wollten. Wenn wir nicht arbeiten müssten, hätten wir dann nicht mehr vom Leben? Der dritte Einwand schliesslich ist, dass es mit der Arbeitsgesellschaft ohnedies bald zu Ende gehe. Dass demnächst die Computer und Roboter unsere Jobs übernähmen. Sollten wir nicht endlich ein bedingungsloses Grundeinkommen einführen, statt sinnlos auf dem Sinn der Arbeit zu beharren? Jeder dieser Einwände hat einen wahren Kern. Natürlich kommt es auf die Qualität der Arbeit an, gewiss gibt es noch andere wichtige Dinge im Leben, und sehr wahrscheinlich wird die technologische Entwicklung viele Jobs überflüssig machen. Und dennoch möchte ich den zentralen Wert der Arbeit gegen all jene verteidigen, die in ihr nur eine Plage sehen, ein tägliches Hamsterrad, aus dem wir uns endlich befreien sollten.»

Der Schweizer Ökonom Bruno S. Frey, der als Pionier der Glücksforschung gilt, fragt deshalb: «Wären wir glücklicher, wenn wir weniger arbeiten?» Aufgrund seiner

Forschungsergebnisse stehe fest, dass unter den eindeutigen Einflüssen auf das selbstdeklarierte Glück die Beschäftigungssituation besonders hervorsteche. Aktiv zu sein sei glücksstiftend, und zwar über die Tatsache hinaus, dass damit auch Einkommen erzielt werde. Deswegen gelte: Wer entlassen wird, dessen Lebenszufriedenheit nimmt stark ab. «Die Glücksforschung kommt zum Schluss, dass sich Menschen, die ihre Arbeit verlieren, aus der Gesellschaft ausgeschlossen und nutzlos fühlen und eine massive Minderung ihres Selbstwertgefühls erleben», schreibt er in einem Aufsatz. Dieser Zusammenhang sei politisch von erheblicher Bedeutung. Vollbeschäftigung, wie die Schweiz sie kenne, sei ein Desiderat. Die Politik erreiche diese nicht, indem sie in den Arbeitsmarkt eingreift, sondern indem sie die Menschen tätig sein lasse.

Es kann deswegen nicht überraschen, dass viele Schweizerinnen und Schweizer gerne auch über 65 hinaus erwerbstätig sind oder es gerne wären. Eine Studie der Versicherungsgesellschaft Swiss Life von 2024 hat ergeben, dass «knapp die Hälfte der Erwerbstätigen im Alter von 50 bis 64 eine grundsätzliche Bereitschaft signalisiert, über das Referenzalter hinaus zu arbeiten». Doch diese Bereitschaft ist an gewisse Bedingungen geknüpft. Die «mit Abstand am häufigsten genannte Voraussetzung ist mit 67% eine gute Gesundheit». Das stellt natürlich keine Überraschung dar. «Weitere häufig genannte Bedingungen sind die Möglichkeit zur Reduktion des Arbeitspensums oder auch flexible Arbeitszeiten. Besonders ausgeprägt ist die Bereitschaft, länger zu arbeiten, bei Angestellten in kleinen Firmen sowie bei Personen mit einem tertiären Bildungsabschluss. In solchen Berufen wird die Sinnhaftigkeit der Arbeit und die Erfüllung, die daraus erwächst, offensichtlich besonders hoch empfunden.»

Dass in der Schweiz die Arbeitszufriedenheit im internationalen Vergleich sehr hoch ist, hängt ohne Zweifel damit zusammen, dass die hoch entwickelte Schweizer Wirtschaft viele gute und interessante Jobs anbietet. Hier finden sich keine Fabriken mit Massenproduktion und keine Fliessbandarbeit. Auch in der Industrie haben sich die Firmen auf anspruchsvolle und hochspezialisierte Nischenangebote ausgerichtet. Es handelt sich um Berufe und Berufsfelder, in denen Arbeit nicht als Zwang und Ausbeutung empfunden wird, sondern als Teil eines sinnhaften Lebens.

Dass Arbeit von vielen Menschen als positiv und erfüllend empfunden wird und viele Menschen grundsätzlich gerne über 65 hinaus arbeiten würden, wird in den Debatten um Reformen der beruflichen Vorsorge und der AHV eigentlich nie thematisiert. Die Forderung, eine AHV-Reform auch einmal so auszugestalten, dass dieses Segment der Bevölkerung etwas davon hat, vertritt niemand. Die Linken tun dies nicht, weil sie ja auf der Seite der Gequälten stehen. Die Bürgerlichen hingegen sprechen stets nur über die Finanzen anstatt über die Sinnhaftigkeit der Arbeit und die liberale Notwendigkeit, die Wahlfreiheit des Einzelnen zu verbessern. Diese besteht darin, in Autonomie selbst zu entscheiden, wie lange man arbeiten und wann man damit aufhören wolle.

9. Viele wollen weiterarbeiten, aber nur wenige tun es. Warum?

Sein Name ist Jso Schumacher, einst Verwaltungsrichter des Kantons Zürich. Vor einigen Jahren war er der Auslöser einer kleinen Politposse, die in Zürich Aufsehen erregte. Der Vertreter der Grünen Partei wollte – schliesslich erfolglos – seine Wiederwahl als Richter mittels zweier Beschwerden ans Bundesgericht gerichtlich erstreiten, weil er von den zuständigen Instanzen für keine weitere Amtsdauer nominiert worden war. Schumacher war zu diesem Zeitpunkt 67 Jahre alt.

Breites Kopfschütteln! Hatte der streitbare Richter nicht bereits zwei Jahre über die Grenze hinaus gearbeitet, die für den Durchschnittsbürger in Bezug auf die Pensionierung gilt? Müsste er nicht vielmehr längst freiwillig seinen Sessel geräumt haben, um einer jüngeren Kraft Platz zu machen? Wäre er als alter weisser Mann nicht ohnehin moralisch dazu verpflichtet gewesen, für eine junge Frau zur Seite zu treten? Hat Jso Schumacher folglich den Spott, den er reichlich erntete, nicht redlich verdient?

Auf den ersten Blick mag das zutreffen. Doch auf den zweiten Blick? Offensichtlich arbeitete der Richter gern, offenbar liebte er seinen Beruf, offenbar gab sein Wirken zu keinen inhaltlichen Klagen Anlass, offenbar hielt er sich weiterhin für fähig, die anspruchsvolle Aufgabe eines Zürcher Verwaltungsrichters zu erfüllen. Doch das alles zählte nicht. Der Staat kam auch bei ihm und sagte: Es ist fertig! Egal wie engagiert, wie fleissig, wie gut, wie glücklich Du in Deinem

Beruf auch warst – ich will, dass auch Du deine Büroutensilien packst und verschwindest. Gegen diesen Vorgang wehrte sich Schumacher mit allen Mitteln. Er empfand ein staatlich erzwungenes Nichtstun als stossend. Er ist nicht der Einzige, der so denkt.

Nun haben ihm nicht zuletzt seine Parteifreundinnen und Parteifreunde zugerufen, es gäbe ja doch noch anderes im Leben als Arbeit. Pensionierung bedeute ja nicht Beschäftigungslosigkeit. Er könnte doch seinen Hobbys frönen, Reisen, Kreuzfahrten buchen, im Gospel-Chor mitsingen, Freiwilligenarbeit bei einer karitativen Organisation leisten oder Enkel hüten (was in der Tat eine bereichernde Aufgabe für Grosseltern ist, so jedenfalls habe ich es zu meiner eigenen Überraschung erlebt!). Wenn die Linke von einem «würdevollen Alter» salbadert, meint sie – neben höheren Renten selbstverständlich – stets solche Aktivitätsformen.

Doch viele wollen eben nicht einfach nur beschäftigt sein, sondern in ihrem Beruf weiterarbeiten. Dies geht aus der Swiss Life-Studie von 2024 hervor. Dort gaben 45 Prozent der Befragten 50- bis 63-/64-Jährigen Erwerbstätigen an, es sich unter gewissen Bedingungen «eher» vorstellen zu können, im Rentenalter weiterzuarbeiten. Erleichtert wird diese Bereitschaft ohne Zweifel durch den tiefgreifenden Wandel der Schweizer Wirtschaft, die – als Hochlohnland mit einer überdurchschnittlich gut ausgebildeten Bevölkerung – sich ab Mitte der 1980er Jahre immer stärker zu einer Dienstleistungsgesellschaft mit gleichzeitiger Abnahme der Beschäftigungszahlen im primären und sekundären Sektor entwickelte. Dies leitete einen fundamentalen Wandel im Verständnis von Arbeit ein. Dass die Bereitschaft zu einer Weiterarbeit über das Pensionierungsdatum 65 hinaus mit steigendem Bildungsniveau zusätzlich wächst, verstärkte diesen Trend. Auffallend ist in diesem Zusammenhang, dass gemäss Erhebungen des Bundesamts für Statistik (BfS) von 2022 über die Arbeitszufriedenheit diese in der Altersgruppe 55 bis 64 bei den Frauen am höchsten und bei den Männern am zweithöchsten ist – bei Letzteren liegt der Wert in der Gruppe der 45 bis 54-Jährigen minim um 0,6% höher.

Hier zeigt sich, wie falsch das in der AHV-Debatte immer wieder beschworene Bild der erschöpften Arbeitnehmerin ist. Das Gegenteil trifft zu: Die Zahlen der Schweizerischen Arbeitskräfteerhebung 2024 zeigen, dass zwischen 2014 und 2024 die Erwerbsquote der 55- bis 64-Jährigen stark zugenommen hat, bei den Frauen noch mehr als bei den Männern. Mittlerweile befinden sich 77,8% dieser Altersgruppe im Arbeitsprozess. Diese Zahlen entsprechen dem Befund einer Erhebung des BfS, wonach gegen Ende der Arbeitskarriere die Zufriedenheit im Beruf zunimmt. Dass unter diesen Voraussetzungen das Interesse an einer Weiterarbeit im Beruf relativ hoch ist, kann nicht erstaunen.

Und die Zahlen bestätigen ebenfalls, dass dafür nicht primär finanzielle Zwänge den Ausschlag geben. Der Swiss Life-Studie lässt sich entnehmen, nur 30% der Befragten, die sich im Rentenalter befinden und noch erwerbstätig sind, hätten dies aus pekuniären Notwendigkeiten getan. Für die überwiegende Mehrheit spielen folglich andere Motive eine

Rolle. Auf einer individuellen Ebene ist es sicher die Befriedigung, die man als Einzelner aus der Arbeit ziehen kann. Diese gibt dem Leben einen Halt, eine Sinnhaftigkeit, eine Perspektive. Es spielt das positive Gefühl mit, dass man in einer Firma als Teil einer grösseren Gruppe ein gemeinsames Ziel verfolgt und dafür gebraucht wird. Daraus ergeben sich soziale Interaktionen, für die ein Pensionierter einen viel grösseren Aufwand betreiben muss. Die Arbeit per se, aber auch das Umfeld am Arbeitsplatz, vermitteln intellektuelle Impulse, halten immer wieder Neues bereit und fördern so die geistige Flexibilität. Alle medizinischen Studien über das Altern zeigen, dass diese Konditionen die besten Voraussetzungen darstellen, um gesund und vital älter zu werden.

Wer erwerbstätig bleibt, der ist besser integriert. Das Risiko, im Alter psychische Probleme zu entwickeln, sinkt damit. Eine deutsche Untersuchung hat ergeben, dass etwa 20% der Pensionierten an einer Altersdepression leiden, die vielfach auch zu übermässigem Alkoholkonsum führt. Bei Bewohnern von Senioren- oder Pflegeheimen steigt dieser Anteil gar auf 30 bis 40%. Damit sei die Altersdepression neben der Demenz die häufigste psychische Erkrankung dieser Bevölkerungsgruppe. Es steht folglich ausser Zweifel, dass eine Weiterarbeit über die Pensionierung hinaus positive Auswirkungen auf die physische und psychische Gesundheit hat, was sich wiederum dämmend auf die Gesundheitskosten auswirkt. Ohnehin sind solche Personen finanziell besser abgesichert und weisen deswegen ein tieferes Risiko aus, später von der Sozialhilfe abhängig zu werden. Sie haben ja länger ein Einkommen erzielt und erhalten dank der längeren Zahlungen in die Pensionskasse auch eine höhere Rente.

Für eine möglichst hohe Quote der Weiterbeschäftigung über das heutige Pensionierungsalter hinaus sprechen aber besonders stark wirtschaftliche Gründe. Zunächst stehen die westlichen Gesellschaften vor dem Problem, angesichts einer alternden Gesellschaft mit einer abnehmenden Zahl von Personen im Arbeitsprozess den Wohlstand zu erhalten. Japan beispielsweise hat dies geschafft, trotz eines vergleichsweise tiefen Rentenalters von 65 Jahren. Tatsache ist, dass Japanerinnen und Japaner faktisch länger erwerbstätig sind als Europäerinnen und Europäer. Die Erwerbsquote von Männern im Alter von 65 bis 69 und 70 bis 74 Jahren hat deutlich zugenommen, und zwar laut OECD in der letztgenannten Gruppe von 29,8% auf 43,3%. In den USA lag sie bei 22,4% und im OECD-Durchschnitt bei 17,3%. Ein Element dafür bildeten staatliche Anreize: Die Regierung in Tokyo bezahlt den Unternehmen Subventionen für jede Person über 65, die eingestellt wird. Diese Massnahme hat einen Beitrag dazu geleistet, den – angesichts der sinkenden Beschäftigtenzahlen – drohenden Rückgang des GDP bis anhin zu verhindern.

In der Schweiz, aber auch in Deutschland drückt sich dieses Problem vorerst im sogenannten Fachkräftemangel aus, der Tatsache also, dass es nach Angaben der Firmen zunehmend schwieriger werde, offene Stellen mit qualifiziertem Personal zu besetzen. Dieses Problem wird sich rasch akzentuieren, da die Babyboomer-Generation aus dem

Arbeitsprozess ausscheidet, aber viel weniger Personen neu in diesen eintreten. Dieses Defizit beschäftigt Politiker und Ökonomen seit einiger Zeit intensiv. Kürzlich hat der Kanton Zürich wieder einen Alarmruf abgesetzt. «Fehlende Arbeitskräfte werden Zürcher Wirtschaft vor Herausforderungen stellen», hiess es in einer Medienmitteilung der Volkswirtschaftsdirektion, welche die Ergebnisse einer von ihr in Auftrag gegebenen Studie zusammenfasste. Diese mündete in der Aussage: «Der Arbeitskräftemangel dürfte zunehmen, die Wirtschaftsdynamik nachlassen und die nachhaltige Finanzierung der Sozialversicherungen noch schwieriger werden. Dem Effekt der Alterung entgegenwirken können eine bessere Ausschöpfung des Arbeitskräftepotenzials sowie eine höhere Produktivität durch technologischen Wandel.»

Wie es um dieses inländische Arbeitskräftepotenzial steht, hat jüngst die Swiss-Life-Studie wieder aufgezeigt. Dieses setzt sich hauptsächlich aus drei Gruppen zusammen: einmal Frauen im Alter von 30 bis 40 Jahren, die meist aufgrund familiärer Verpflichtungen aus dem Arbeitsmarkt austreten oder ihr Pensum reduzieren. Sodann bilden wiederum Frauen, und zwar im Alter von 45 bis 55 Jahren, die zweite Gruppe. Diese haben vielfach aufgrund der Betreuung von Kleinkindern ihre Arbeit reduziert oder aufgegeben und sind danach nicht wieder in das Erwerbsleben eingetreten. Die dritte Gruppe stellen die Frühpensionierten dar, die vorzeitig aus dem Arbeitsprozess ausscheiden oder ausgeschieden werden und danach keine Neuanstellung mehr suchen beziehungsweise finden.

Das BfS versuchte im Jahr 2023 in einer quantitativen Analyse dieses Arbeitskräftepotenzial zu errechnen und bezifferte es in der Gruppe der 15- bis 70-Jährigen auf insgesamt 665.000 Personen. Es zählte dabei die Gruppe der Erwerbslosen (204.100), der Unterbeschäftigen (242.300) sowie der stillen Reserve (218.800) zusammen. Bei Letzteren handelt es sich um Personen, die zwar eine Arbeit suchen, aber nicht sofort verfügbar sind, oder die grundsätzlich verfügbar wären, aber aktiv keinen Job suchen. Der Anteil der 55- bis 70-Jährigen an diesem Total macht dabei 22 Prozent aus, also rund 150.000 Personen. Sie finden sich vorwiegend in der Kategorie der stillen Reserve, wären also für eine Anstellung verfügbar, befinden sich aber nicht aktiv auf Stellensuche. Die Vermutung liegt auf der Hand, dass sie dies nicht tun, weil sie vom bisherigen Arbeitgeber kein Angebot erhielten und die Chance einer Neueinstellung nach 65 – zu Recht! – als faktisch inexistent betrachten.

Bestärkt werden diese Befunde durch eine grosse Studie des Staatssekretariats für Wirtschaft (SECO) von 2020 zum Thema «Erwerbstätigkeit über das ordentliche Rentenalter hinaus». Diese zog folgende Bilanz: «Die Analyse der aktuellen Situation zur Erwerbstätigkeit im Rentenalter in der Schweiz zeigt auf, dass ein Potenzial zur Steigerung vorhanden ist: Nur ein kleiner Teil (12%) der Personen im Alter von 65 Jahren und älter ist noch erwerbstätig und davon sind es viele in Teilzeittätigkeiten. Sowohl eine Ausdehnung als auch eine Intensivierung der Erwerbstätigkeit scheinen entsprechend möglich. Dies bestätigt auch der internationale Vergleich, der aufzeigt, dass die Erwerbsbeteiligung im Rentenalter im OECD-Durchschnitt höher liegt. Durch den demografischen Wandel nimmt der Anteil der älteren Bevölkerung in der Schweiz zu und der Bedarf an zusätzlichen Arbeitskräften steigt. Insofern scheint es wichtig, das vorhandene Potenzial der zusätzlichen Erwerbstätigkeit bei Personen im Rentenalter zu aktivieren.»

Diese Studie befasst sich auch mit den objektiven Erschwernissen, die für eine Längerbeschäftigung in der Schweiz bestehen. Diese ist finanziell objektiv nicht attraktiv. So müssen Personen, die über das ordentliche Rentenalter hinaus arbeiten, weiterhin AHV-Beträge bezahlen. Eingeführt wurde diese Steuerpflicht erst 1979, offensichtlich in der Annahme, nur Wohlhabende würden als Hobby noch etwas länger arbeiten wollen. Und Hobby sollten nicht steuerlich privilegiert werden. Mittlerweile erbringt diese Steuer jährlich 600 Millionen Franken; man kann sich vorstellen, wie gering die Bereitschaft der Finanzpolitiker in Bern ist, auf diese stattliche Summe zu verzichten! Doppelt bestraft wird derjenige, der dazu beiträgt, weil er dafür keine über die Maximalrente hinausgehenden zusätzlichen Beiträge erhält. Auch wird dieses Ü65-Einkommen normal besteuert. Gerade bei Ehepaaren führt dies zu einem starken Anstieg der Steuerprogression, weil AHV, PK-Renten und Zusatzeinkommen kumuliert werden. Dadurch frisst die Steuerprogression einen guten Teil des zusätzlichen Einkommens gleich wieder weg.

Für die Arbeitgeber wiederum besteht kein finanzieller Anreiz, die Weiterbeschäftigung zu fördern. Im Gegenteil: Die Lohnsysteme sind weitgehend immer noch so konzipiert, dass man am Ende der beruflichen Karriere das höchste Salär erhält, aber auch einen immer höheren Anteil davon an die Pensionskasse abführen muss, was der Arbeitgeber zur Hälfte mitbezahlt. Dieser Anteil steigt von 7% bis maximal auf 18%, was älteren Arbeitnehmerinnen und Arbeitnehmern den Ruf eingetragen hat, teuer zu sein. Nicht zuletzt solcher finanzieller Überlegungen wegen beharren die Unternehmen auf dem Rücktrittsalter 65, wenn sie nicht gar in manchen Fällen eine Frühpensionierung favorisieren. Deswegen hat die OECD empfohlen, man solle im Interesse eines möglichst langen Verbleibens im Erwerbsleben von Senioritätslöhnen wegkommen und andere Lohnmodelle konzipieren.

Schliesslich hat es die Schweiz fertiggebracht, mit der jüngsten AHV-Revision die Konditionen für Ü65-Arbeitnehmer sogar noch zu verschlechtern, indem der Rentenzuschlag, den man für das Aufschieben der AHV erhält, ab 2027 reduziert werden soll. Damit steigt der Zwang, nach der Pensionierung sofort eine AHV-Rente zu beziehen und so eine höhere Steuerbelastung zu riskieren. Insgesamt fehlen also klare finanzielle Anreize für eine Weiterarbeit nach der Pensionierung, insbesondere im Vergleich zu einem vollständigen Ruhestand mit voller Rentenauszahlung. Es spricht Bände, wenn das auf das Thema Pensionierung spezialisierte Vermögenszentrum VZ deswegen vor «kostspieligen Steuerfallen» bei einer Weiterarbeit warnt. «Wer länger erwerbstätig bleibt, muss vorsichtig sein. Kommen zum Lohn Renten aus AHV und Pensionskasse, kann die Steuerlast steil steigen.» Als Empfehlung, weiterzuarbeiten, wirken diese Sätze bestimmt nicht!

Die Vorschläge von Bundesrätin Elisabeth Baume-Schneider für eine AHV-Revision 2030 zeugen davon, dass die Bundesverwaltung immerhin die Schwächen der gegenwärtigen Regelungen erkannt hat. Sie lanciert nun einige Ideen, um die Anreize für ein längeres Verbleiben im Arbeitsprozess zu verbessern. Ob diese aber bei den Parteien oder den Interessengruppen auf Akzeptanz stossen werden, ist noch völlig ungewiss.

Die offensichtliche Inaktivität der Politik und der Unternehmen in diesem Bereich wirft ein Licht auf ein wirklich auffälliges Resultat der Swiss-Life-Studie. Diese hat ja aufgezeigt, dass das Potenzial beträchtlich ist, bei Früh- und regulär Pensionierten die händeringend gesuchten Fachkräfte zu finden. Man würde folglich annehmen, dass sich die Unternehmen einen eigentlichen Wettbewerb liefern, um mittels kreativer Ideen und attraktiver Konditionen für eine Weiterbeschäftigung über 65 hinaus zu werben. Nur ist das nicht der Fall. Zwar sagt eine Mehrheit der befragten Unternehmen, bei ihnen sei es grundsätzlich möglich, auch jenseits des offiziellen Pensionierungsalters angestellt zu sein. Aber aktiv gefördert wird dies von lediglich 14% der Arbeitgeber; bloss 16% beantworten die Frage, ob auch Stellenbewerber über 65 eingestellt würden, mit «Ja».

Die Diskrepanz zwischen grundsätzlicher Bereitschaft und faktischem Handeln ist enorm. Auf der Suche nach Erklärungen für diese Passivität gaben die Unternehmer zur Antwort, sie nähmen an, dass die Arbeitnehmer gar nicht an einer Weiterbeschäftigung interessiert seien. Stellt man umgekehrt den Arbeitnehmern die Frage, weshalb sie sich nicht aktiv um eine Fortsetzung des Arbeitsverhältnisses bemüht hätten, heisst es laut Swiss-Life-Studie, man habe angenommen, der Arbeitgeber sei ohnehin nicht daran interessiert. So gaben, wie Albert Steck in der *NZZ* vom 28. August 2024 berichtete, in einer Umfrage der Versicherungsgesellschaft AXA nur 34% der befragten Arbeitnehmerinnen und Arbeitnehmer an, sie hielten es für realistisch, nach der Pensionierung weiterhin eine bezahlte Arbeit zu haben.

Offenbar handelt es sich nicht einmal um einen Dialog unter Gehörlosen. Arbeitgeber und Arbeitnehmer sprechen vielmehr überhaupt nicht über das Thema der Weiterbeschäftigung, sondern gehen jeweils von Annahmen aus und handeln dementsprechend. Die *NZZ* zog daraus die Schlussfolgerung: «Das deutet darauf hin, dass die Firmen noch immer viel zu wenig tun, um ihre Beschäftigten im Seniorenalter zu halten.»

Wie liesse sich diese Schlussfolgerung bestreiten? Sie greifen im Gegenteil weiterhin gerne zum Instrument der Frühpensionierung, um irgendwelche kleineren oder grösseren unternehmerischen Probleme zu lösen. Die Swiss-Life-Studie hält dazu fest: «Bezogen auf die Gesamtbevölkerung im Alter von 65 bis 70 beträgt der Anteil derjenigen, die aus den genannten Arbeitsmarktgründen unfreiwillig frühpensioniert wurden, 6 %.» Wer also mit 62 von der Firma unfreiwillig auf die Strasse gestellt wird, findet praktisch nie mehr einen Job. Das kann sich eine Volkswirtschaft, die täglich Stossseufzer über den Fachkräftemangel ausstösst, eigentlich nicht leisten.

Für Frühpensionierungen im grösseren Stil sind gemäss der Studie vor allem Grossfirmen verantwortlich. Sparmassnahmen lassen sich auf diese Weise am einfachsten umsetzen. Aber manche Arbeitnehmer gehen auch von sich aus vorzeitig. Dabei spielt die Unzufriedenheit mit Vorgesetzten eine gewisse Rolle, denen man sich in grossen Hierarchien mehr oder weniger ausgeliefert fühlt. Bei den Branchen liegt, wie eine Statistik des BfS zeigt, die «Finanzwirtschaft» an der Spitze, gefolgt von «Verkehr und Lagerei» sowie «Versicherungsdienstleistungen». Darüber hinaus ergab die Swiss-Life-Studie auch noch, dass 46% der Unternehmer eine Pensionierung von Männern vor 65 als ideal ansieht, bei Frauen sogar 58%. Schweizer Unternehmer orientieren sich folglich starr am fixen Rentenalter 65 und sind der Ansicht, idealerweise würde man sich zu diesem Zeitpunkt oder etwas früher von einem Arbeitnehmer oder einer Arbeitnehmerin trennen. Die Schweizerische Arbeitskräfteerhebung 2024 liefert den schlagenden Beweis, dass es so ist. «Erwerbspersonen treten im Schnitt mit 65,0 Jahren aus dem Arbeitsmarkt aus», schreibt sie. Schweizerische Präzisionsarbeit, liesse sich da sagen! Würden nur Arbeitnehmende unter Ausklammerung der Selbständigerwerbenden berücksichtigt, liege das Austrittsalter etwas tiefer, nämlich bei 64,5 Jahren.

Die Sturheit und die Gleichförmigkeit, mit welcher in der Schweiz der Übertritt ins Rentenalter nach wie vor vollzogen wird, ist ernüchternd. Alles läuft nach Schema F. Als 63-Jähriger Angestellter wird man erstmals zu einem Seminar über Pensionierung eingeladen. Die PK verschickt Informationen über Renten- oder Kapitalbezüge, das HR verweist auf Webseiten mit «Tipps für ein gelingendes Rentnerdasein». Für den durchschnittlichen Arbeitnehmer oder die durchschnittliche Arbeitnehmerin bricht dieses wie ein in Stein gemeisseltes Gesetz Moses über ihn her. Nie würden sie von der Firmenleitung oder vom HR ein Mail mit folgenden Fragen erhalten: «Welches sind ihre Wünsche, wenn sie 65 werden?» oder «Wären sie allenfalls interessiert daran, noch über 65 hinaus Teil unseres tollen Teams zu sein?»

In der *NZZ* erschien 2018 ein Artikel mit dem Titel *Schweizer Arbeitsmarkt: Über 800 000 Personen würden gerne arbeiten oder ihr Pensum erhöhen*. Darin heisst es zum Schluss: «Die Probleme und Lösungsansätze sind bekannt. Gefragt sind weitere Fortschritte, um Familie und Beruf besser unter einen Hut zu bringen. Eine Hürde stellt etwa das noch ausbaufähige und oft teure Angebot an Krippenplätzen und Tagesschulen dar. Noch immer bestehen auch steuerliche Fehlanreize für Doppelverdiener-Ehepaare. Unternehmen sollten bei der Rekrutierung und in der Personalpolitik umdenken. Bei älteren Arbeitnehmern könnten sie die Weiterarbeit mit flexiblen Arbeits- und Lohnmodellen und Weiterbildungen fördern. Zudem gilt es, Anreize zu beseitigen, die das Arbeiten für Pensionierte finanziell unattraktiv machen.»

Das war vor bald einem Jahrzehnt. Man könnte den Satz mit einer Copy-Paste-Funktion in einen Artikel einbauen, der die Situation im Jahr 2025 schildert. Das heisst: Es sind in den letzten Jahren keine wirksamen Massnahmen ergriffen und keine nennenswerten Reformen in Angriff genommen worden, um die Situation zu verbessern. Der Staat hat kein Interesse gezeigt, mittels steuerlicher Erleichterungen das Arbeiten über 65 hinaus attraktiver zu gestalten und scheint erst jetzt ein klein wenig umzudenken, wie die Äusserungen von Bundesrätin Elisabeth Baume-Schneider erahnen lassen. Und die Firmen agieren weiterhin phantasielos und ideenlos, anstatt mit flexibleren Beschäftigungsmodellen einen konkreten Beitrag gegen den Fachkräftemangel zu leisten.

Aus all diesen Tatsachen lässt sich wohl nur eine Folgerung ableiten: Beim Fachkräftemangel, der sich seit vielen Jahren angeblich ständig verschärft, handelt es sich um ein theoretisches Konstrukt, das im Alltag offensichtlich wenig Leidensdruck erzeugt. Man muss annehmen, dass es den Firmen dank der Personenfreizügigkeit mit der EU relativ einfach gelingt, drohende Personalengpässe zu vermeiden. Die hohen Zuwanderungszahlen der letzten Jahre dürften hier einen Grund finden. Auch Frühpensionierungen stellen deswegen kein Problem dar, weil es rechnerisch für Firmen sogar Sinn macht, eine ältere und teure Schweizerin durch eine jüngere und billigere Deutsche zu ersetzen. Aber die stete Warnung vor dem Fachkräftemangel erzeugt den Druck, um an der Personenfreizügigkeit nicht zu rütteln.

Litten die Schweizer Unternehmen wirklich unter grossen Problemen bei der Personalrekrutierung, hätten sie längst Anstrengungen unternommen, um die unausgeschöpften Arbeitskräftereserven anzuzapfen. Allein bei den 55- bis 70-Jährigen beträgt diese, wie bereits erwähnt, rund 150 000 Personen. Und da diese eigentlich gerne arbeiten würden, handelt es sich folglich um besonders engagierte und motivierte Mitarbeiter. Doch auch auf politischer Ebene sind die Unternehmen erstaunlich passiv. Als die SVP mit ihrer Initiative gegen die Masseneinwanderung für Unruhe sorgte, weil diese die Freizügigkeit beendet hätte, drängte die Wirtschaft zusammen mit dem damals zuständigen Bundesrat Johannes Schneider-Ammann darauf, diese unter anderem mit dem Versprechen zu bekämpfen, für eine bessere Integration älterer Arbeitnehmer in den Arbeitsprozess zu sorgen. Dass sehr viele Schweizerinnen und Schweizer, die zwischen 55 und 65 unfreiwillig arbeitslos werden, keine Anstellung mehr finden, realisierte eine breite Öffentlichkeit erst damals so richtig.

Tatsächlich organisierte Bern dann Aussprachen und Runde Tische, verfasste Konzepte und publizierte Absichtserklärungen, die sicher einen Beitrag dazu leisteten, dass die Initiative im Jahr 2020 mit etwas über 60% Nein-Stimmen abgelehnt wurde. Bald darauf verschwanden all diese unverbindlichen Initiativen in den Schubladen. Geschehen ist seither faktisch nichts, um die Arbeitsplatzsuche von über 50-Jährigen zu erleichtern oder die Weiterbeschäftigung von 65-Jährigen zu fördern. Die Klage über den Fachkräftemangel aber ist geblieben.

Dass die SVP mit einer neuen Initiative «Gegen die 10-Millionen-Schweiz» nachdoppelt, kann folglich nicht wirklich überraschen. Der zuständige Bundesrat Beat Jans hat ein Konzept vorgelegt, wie die Landesregierung mit verschiedenen Massnahmen diese Initiative bekämpfen will. Denn sie würde die Personenfreizügigkeit mit der EU beenden. Was auffällt: Im Konzept von Bundesrat Jans findet sich kein einziger Vorschlag, um die Situation älterer Stellensuchender zu verbessern. Die eigentlich naheliegende Idee, Konzepte für eine bessere Ausschöpfung des Arbeitskräftepotenzials der Ü65 zu entwickeln, sucht man ebenfalls vergeblich. Zumindest liesse sich so der Wille bekunden, die hohe Zuwanderung in den Schweizer Arbeitsmarkt senken zu wollen. Doch Jans hält sich offensichtlich an die Doktrin seiner Partei, dass an der Pensionierungsgrenze 65 unter keinen Umständen gerüttelt werden darf. Dass die SP damit die Immigration befeuert, scheint sie nicht zu bedenken. Sie stärkt damit letztlich die SVP, die in der Zuwanderungspolitik einen grobschlächtigen und undifferenzierten Kurs verfolgt.

10. Achtung: Altersdiskriminierung

In einem Artikel in der *NZZ am Sonntag*, der 2024 erschienen ist, schrieb Martin Helg den bemerkenswerten Satz: «Die Diskriminierung macht das Alter erst aus.»

Mit semantischen Klimmzügen wird zwar versucht, diesen Zusammenhang zu verschleiern. Marketingspezialisten haben für die Altersgruppe Post-65 etwa den Begriff der «Best Ager» oder «Golden Ager» erfunden, um das vorherrschende Bild des Alters als eines Zerfallsprozesses zu übertünchen. Doch die angebliche Wertschätzung, die diese Begriffe zum Ausdruck bringen wollen, beruht ausschliesslich auf der Tatsache, dass diese Altersgruppe vermögend und konsumkräftig ist und man mit ihr gerne wirtschaftliche Umsätze erzielt. Und über das Alter wird sie am Ende doch definiert: Es handelt sich eben um «Ager».

Für diese Haltung existiert seit einigen Jahrzehnten der Fachbegriff Ageism. Zum ersten Mal verwendet wurde er vom amerikanischen Arzt, Psychiater und Gerontologen Robert Butler in einem Interview von 1968 mit der *Washington Post*. Einige Jahre später definierte er Ageism als Bündelung von Stereotypen und diskriminierenden Einstellungen gegenüber bestimmten Personen allein aufgrund ihres fortgeschrittenen Alters, analog zu Sexismus und Rassismus. Der Begriff machte rasch Karriere. Obwohl ursprünglich für jede Diskriminierung aufgrund eines Alters gedacht, hat er sich gemäss dem Wörterbuch der Schweizer Sozialpolitik zunehmend als Fachwort für die Stereotypisierung, Vorverurteilung und Diskriminierung älterer Menschen – beziehungsweise Menschen, die als alt wahrgenommen werden – etabliert. «In westlichen Ländern», schreibt dieses Nachschlagewerk, «werden Ältere häufig als Last für die Gesellschaft und als Bedrohung des volkswirtschaftlichen Gleichgewichts wahrgenommen und es gibt deutlich häufiger und mehr negative Stereotypien in Bezug auf das Alter als positive. Diese eingeschränkte und negative Wahrnehmung des Alters kann eine abwertende Haltung gegenüber den Bedürfnissen, Fähigkeiten und Sorgen von Älteren oder sogar Ressentiments ihnen gegenüber schüren.»

Ageism führt also direkt zur Diskriminierung. Ohne Zweifel ist Altersdiskriminierung in den westlichen Ländern eine weitverbreitete Realität. In jüngster Zeit hat sich etwa die Klimajugend pauschal an der älteren Generation abgearbeitet und sie für ein Versagen beim Klimaschutz verantwortlich gemacht. Aus diesen Gründen müsse sie aus der politischen Debatte speziell über den Klimaschutz ausgeschlossen werden, wozu das Instrument des Notrechts dienen soll. Damit liessen sich langwierige parlamentarische und plebiszitäre politische Prozesse vermeiden, bei denen «die Alten» bloss hemmend wirken würden. In diesen Zusammenhang gehört der Kampfruf «OK Boomer», womit der Babyboomer-Generation vermittelt wird, im politischen Diskurs besser die Klappe zu halten. Laut dem Magazin *Reason* soll der Journalist Taylor Lorenz dem Begriff im Jahr 2020 zum Durchbruch verholfen haben, und zwar mit einem

Artikel, in dem er «das Ende freundschaftlicher Beziehungen zwischen den Generationen» ankündigte.

Diskriminierung findet sich auch in der Schweizer Bundesverfassung. Dort stipuliert Artikel 8 Absatz 2: «Niemand darf diskriminiert werden, namentlich nicht wegen der Herkunft, der Rasse, des Geschlechts, des Alters, der Sprache, der sozialen Stellung, der Lebensform, der religiösen, weltanschaulichen oder politischen Überzeugung oder wegen einer körperlichen, geistigen oder psychischen Behinderung.»

Obwohl Altersdiskriminierung auf Verfassungsstufe zu den verbotenen Tatbeständen gehört, fand diese nie eine gesetzliche Umsetzung, ganz im Gegensatz zu Rassismus, Sexismus, der Gleichstellung von Mann und Frau oder auch der Beseitigung von Benachteiligungen für Menschen mit Behinderung. Man kann daraus nur schliessen, dass keine politische Partei speziell für ein gesetzliches Instrumentarium gegen Altersdiskriminierung gekämpft hat.

Das heisst nicht, es hätte keine Versuche gegeben, dies zu ändern. 2021 reichte Rechtsprofessor Hans-Ueli Vogt, Nationalrat der SVP, im Parlament einen Vorstoss ein. Er forderte, dass «eine Diskriminierung älterer Menschen (insbesondere in der Form von Altersschranken)» verboten werde, womit Chancengleichheit und eine tatsächliche Gleichstellung älterer und jüngerer Menschen erreicht werde. «Insbesondere soll das jeweilige AHV-Rentenalter kein Grund für eine Diskriminierung sein; massgeblich soll die Eignung sein.» Dabei wollte er den Geltungsbereich eines derartigen Gesetzes auf öffentlich-rechtliche Arbeitsverhältnisse beschränken, um einen zu weitgehenden Eingriff in die unternehmerische Freiheit von Firmen zu vermeiden. Indem der Staat künftig auf den Standardpassus in seinen Anstellungsverträgen «Das Arbeitsverhältnis endet mit 65 Jahren» verzichte, erhoffte er sich, dass dieses Beispiel auch auf die Anstellungsprinzipien der Privaten ausstrahlen würde.

Als Begründung für seine Motion schrieb Vogt: «Nach Artikel 8 Absatz 2 der Bundesverfassung (BV) darf niemand wegen seines Alters diskriminiert werden. Insbesondere Anstellungsbedingungen beim Bund, in den Kantonen und in den Gemeinden, die Personen ausschliessen, die das AHV-Rentenalter erreicht haben, verletzen das Diskriminierungsverbot, wenn sie schematisch an diese Alterslimite anknüpfen, ohne dass mit ihrer Erreichung typischerweise eine fehlende Eignung zur Aufgabenerfüllung verbunden wäre. Aber auch darüber hinaus ist sicherzustellen, dass ein höheres Alter keinen Nachteil im Zusammenhang mit öffentlich-rechtlichen Anstellungen darstellt. Altersdiskriminierung ist in der Schweiz weit verbreitet. Für den Privatsektor ist dies empirisch belegt. Doch auch der Staat diskriminiert aufgrund des Alters, und zwar offen und systematisch, wie zahlreiche Altersschranken namentlich beim Bund und in den Kantonen zeigen. Der Staat als Arbeitgeber steht dabei besonders in der Pflicht. Er hat aufgrund seiner Bindung an Artikel 8 Absatz 2 BV in besonderem Mass ein Arbeitgeber zu sein, der nicht diskriminiert und der gesellschaftliche Verantwortung wahrnimmt.»

Der Bundesrat lehnte diesen Vorstoss ab. Er behauptete: «Bestimmungen, die in Bezug auf die Anstellung von älteren Menschen eine Altersbegrenzung enthalten, verletzen das Diskriminierungsverbot gemäss Artikel 8 Absatz 2 der Bundesverfassung nicht.» Dabei stützte er sich auf einen Entscheid des obersten Gerichts: «Beim Alter handelt es sich laut Bundesgericht zudem um einen atypischen Diskriminierungstatbestand. Anders als beispielsweise bei den Merkmalen Geschlecht oder Rasse, welche in der Regel im Verlaufe des Lebens stabil bleiben, gehört die überwiegende Anzahl Personen früher oder später zur Gruppe der älteren Menschen. Das Bundesgericht wendet für Altersdiskriminierungen deshalb nicht den gleich strengen Massstab an wie bei Diskriminierungen aufgrund des Geschlechts oder der Rasse.»

In der Tat haben sich die Lausanner Richter in diesem Fall eine ausgefallene juristische Argumentation zurechtgelegt. Weil man als Frau (meist) immer Frau bleibe oder als Schwarzer stets Schwarzer, ergebe sich daraus, dass man ein Leben lang einem eindeutig definierten Personenkreis zugehöre und so Opfer einer Diskriminierung werden könne. Doch alt würden früher oder später alle Menschen, weswegen es sich um eine fluide Gruppe handle. Im Klartext: Wenn früher oder später alle diskriminiert werden, liegt keine Diskriminierung vor, weil eben alle davon betroffen sind und nicht nur eine Teilmenge der Gesellschaft. Man verfolgt hier das oberste Gericht der Schweiz beim Gang auf dem logischen Holzweg: Denn bei den Alten handelt es sich ebenfalls um eine zahlenmässige Minderheit, womit die Voraussetzungen für den Tatbestand einer Diskriminierung auch gemäss der Interpretation des Bundesgerichts erfüllt sind.

Wie erging es nun dem gut begründeten Vorschlag des Zürcher Rechtsprofessors? Der Nationalrat stimmte ihm zu. Doch der Ständerat lehnte ihn einstimmig und ohne Debatte ab. Was dabei auffällt: Nicht einmal aus den Reihen der SP, die sich doch den Kampf gegen jede Form der Diskriminierung auf die Fahne geschrieben hat, ergriff jemand das Wort, um das Anliegen zu verteidigen. Offensichtlich gehörte Vogt der falschen Partei an.

Im Rahmen einer umfassenden Arbeit über Altersdiskriminierung kam der Jurist Mark-Anthony Schwestermann zum Schluss, dass nur schon das verbindliche Völkerrecht wie der Internationale Pakt über wirtschaftliche, soziale und kulturelle Rechte der UNO, den die Eidgenossenschaft unterzeichnet hat, oder die Diskriminierungsverbote der Europäischen Menschenrechtskonvention die Schweiz zu Massnahmen gegen Altersdiskriminierung verpflichten müsste. Aber da spezifische Gesetze dafür fehlten, biete «der bestehende rechtliche Rahmen und die dazugehörige Rechtspraxis (…) keinen ausreichenden Schutz vor Altersdiskriminierung». In Kombination mit der schwer nachvollziehbaren Rechtsauffassung des Bundesgerichts stelle sie diesbezüglich im internationalen Vergleich einen Sonderfall dar.

Grossbritannien zum Beispiel kennt seit 2006 ein umfassendes Verbot von Altersdiskriminierung etwa im Bereich Wohnungsmarkt, in der Gesundheitsvorsorge oder in der Arbeitswelt. Dort darf bei Einstellungen, Beförderungen oder beim Ausscheiden aus dem Erwerbsprozess das Alter als Begründung keine Rolle spielen.

In den USA untersagt das «Gesetz gegen Altersdiskriminierung in der Berufswelt», das 1967 erlassen und seither mehrfach modifiziert worden ist, Diskriminierung aus Altersgründen, also auch bereits bei der Einstellung. Die oft gehörte Begründung «zu alt» für die Nichteinstellung von Schweizer Arbeitnehmern über 50 wäre damit ungesetzlich. Speziell verboten ist, dass Arbeitgeber einen Angestellten des Alters wegen zur Pensionierung zwingen. Aufgrund dieses Gesetzes fiel etwa 1968 die Alterslimite für weibliche Flight Attendants. Diese verloren ihren Job mit dem 40. Geburtstag, weil sie angeblich körperlich dann nicht mehr in der Lage waren, ihren Job zu erfüllen, effektiv aber dem Schönheitsideal nicht mehr entsprachen, das in den Augen des Managements die Attraktivität einer Airline fördern sollte. Natürlich kennt das Gesetz auch Ausnahmen, etwa in Berufen mit speziell hohen Sicherheitsanforderungen wie Piloten oder Busfahrer. Tatsache ist aber, dass heute in den USA bei der Kündigung eines Arbeitnehmers auch im 68. Altersjahr objektive Gründe wie Leistung, Fehlverhalten oder wirtschaftliche Umstrukturierung notwendig sind; das Alter allein darf keine Rolle spielen. Selbstverständlich sollte man sich nicht der Illusion hingeben, damit sei jede Form von Altersdiskriminierung beseitigt worden. Aber die Hürden dafür sind viel höher, und der potentielle Schaden, der einem

Arbeitgeber wegen eines nachweisbaren Fehlverhaltens entsteht, kann beträchtliche Ausmasse annehmen.

Auch die EU hat die Altersdiskriminierung am Arbeitsplatz mit der Equal Treatment Directive verboten. Diese Bestimmung wurde schon im Jahr 2000 erlassen.

Schliesslich kennen auch alle vier nordeuropäischen Länder Gesetze gegen Altersdiskriminierung, insbesondere im Arbeitsrecht. In Norwegen verbietet das Arbeitsumgebungsgesetz (Arbeidsmiljøloven) Diskriminierung aufgrund des Alters bei der Einstellung, der Beförderung und der Entlassung. In Schweden untersagt ein Diskriminierungsgesetz Altersdiskriminierung in allen Lebensbereichen. Arbeitnehmer dürfen nicht aufgrund ihres Alters benachteiligt oder gekündigt werden. In Finnland nennt sich das entsprechende Gesetz Gleichbehandlungsgesetz. Es schützt vor Altersdiskriminierung in allen Lebensbereichen. Bezogen auf das Arbeitsrecht heisst das: Das Alter darf per se bei der Einstellung, bei Karriereschritten oder bei der Kündigung keine Rolle spielen. Dänemark schliesslich kennt ein Antidiskriminierungsgesetz, das auch im Arbeitsleben gilt. Es ist rechtswidrig, Arbeitnehmer allein aufgrund ihres Alters zu benachteiligen, zum Beispiel durch vorzeitige Entlassung oder verweigerte Weiterbildung.

Wo, fragt man sich, wo bleibt da die Schweizer Linke? Normalerweise dienen ihr die nordischen Länder in der Gesellschaftspolitik als leuchtende Vorbilder. Viele sozialpolitische Ideen werden von dort in die Schweiz getragen und sollten nach Meinung der SP oder der Grünen ebenfalls gesetzliche Realität werden. Was Diskriminierungen betrifft, kämpft die SP stets an vorderster Front. Rassismus, Sexismus, Sklaverei, Minderheiten, Flüchtlinge, Transgender, Verdingkinder, Sans Papiers – die Liste liesse sich fast beliebig verlängern. Nur bei der Altersdiskriminierung ist das Schweigen dröhnend. Zwar hat die Partei Positionspapiere publiziert, die sich dagegen aussprechen. Aber in der Tagespolitik spielt das Thema keine Rolle.

Dabei stellt die faktische Zwangspensionierung mit 65 eine klare Diskriminierung dar, da sie auf einem äusserlichen Kriterium basiert. Dies stellt einen schwerwiegenden Eingriff in die persönliche Wahlfreiheit des Einzelnen dar und bringt diesen um die Möglichkeit, sein Ausscheiden aus dem Arbeitsprozess selbstverantwortet und nach seinen individuellen Vorstellungen zu gestalten. Der Jurist Mark-Anthony Schwestermann schreibt, es müsste «im Ermessen des Angestellten liegen, wann er aufhören will zu arbeiten». Doch in der Realität wird – vorgespurt durch die Bundesverwaltung mit ihren Personalreglementen und verstärkt durch die phantasielose Personalpolitik der Grossfirmen und unterstützt durch die starren Reglemente der Pensionskassen – ein schematisches Ausscheiden aus dem Arbeitsprozess mit 65 praktiziert. Noch immer findet keine Diskussion statt, welches konkrete Ziel mit einer rein altersbasierten Pensionierung verfolgt wird; noch immer fragt niemand, ob es für die Erreichung dieses Zieles nicht probatere Mittel gäbe, die insgesamt viel verhältnismässiger wären als die kollektive Wegbeförderung in einen sogenannten Ruhestand. Welches HR einer Schweizer Grossfirma hat sich schon einmal Gedanken darüber gemacht, ob etwa zwischen der Zahl 65 und einer vermuteten (fehlenden) Eigenschaft ein kausaler Zusammenhang bestehe? Nimmt die Leistungsfähigkeit der Menschen exakt mit 65 ab? Verlieren sie genau in diesem Moment den Willen und die Fähigkeit, Neues zu lernen? Vermutlich wäre das Ergebnis, dass sich keine wissenschaftlich fundierte Korrelation nachweisen lässt, sondern ausschliesslich eine diffuse Assoziation von kalendarischem Alter mit bestimmten Fähigkeiten oder Nicht-Fähigkeiten.

Die heutige Pensionierungspraxis in der Schweiz ist objektiv diskriminierend, weil sie nur auf dem Kriterium des numerischen Alters basiert. Sie ist unliberal, weil sie dem Einzelnen das Selbstbestimmungsrecht raubt, eigenständig über einen zentralen Aspekt seines Lebens entscheiden zu können, nämlich das Ausmass und die Dauer seiner Berufstätigkeit nach den eigenen Vorstellungen zu regeln. Dass die Schweiz dies einfach toleriert, stellt ihr kein gutes Zeugnis aus.

11. Wie pensionieren andere Länder?

Als in Deutschland Kanzler Bismarck das erste staatliche Rentensystem einführte, machte sein Beispiel weltweit Schule. Bis Mitte des 20. Jahrhunderts führten fast alle Staaten derartige Regelungen ein – die Schweiz, wie so häufig, war dabei eher eine Nachzüglerin, weil es erst 1948 soweit war. In der Ausgestaltung unterscheiden sich diese Rentensysteme allerdings, in den Details sogar sehr. Manche Länder kennen starre Systeme mit einem offiziellen, gesetzlich verankerten Pensionierungsalter. Dort bestehen kaum individuelle Optionen, weshalb auch die Anreize zu einer Weiterbeschäftigung über dieses fixe Pensionierungsalter hinaus schwach ausgestaltet sind. So etwa sind die Verhältnisse in Frankreich oder Italien.

Auf der anderen Seite findet sich eine Reihe von Staaten, die einen anderen Ansatz verfolgen. Sie koppeln das Renteneintrittsalter an die Lebenserwartung. In einem von vier Ländern der OECD ist das mittlerweile der Fall, sei es, dass es sich um eine 1-zu-1-Koppelung handelt – ein zusätzliches Jahr Lebenserwartung erhöht das Renteneintrittsalter um ein Jahr –, sei es, dass die Anpassung als 2-zu-3-Koppelung erfolgt – mit einem zusätzlichen Jahr Lebenserwartung nimmt das Renteneintrittsalter um 8 Monate zu. Zur ersten Gruppe gehören Dänemark, Estland, Griechenland und die Slowakei, zur zweiten Finnland, Niederlande, Portugal und Schweden.

Zudem streben die meisten dieser Länder ausgebaute individuelle Wahlmöglichkeiten rund um die Pensionierung an und kennen deswegen kein offizielles Pensionierungsalter, sondern ein Renteneintrittsalter. Dieses markiert den Zeitpunkt für den Bezug einer Vollrente. Es handelt sich dabei keineswegs um eine bloss semantische Nuance. Signalisiert wird damit, dass für den einzelnen unabhängig von einer rententechnischen Schwelle die Freiheit besteht, das Ausscheiden aus dem Erwerbsleben gemäss seinen individuellen Vorstellungen und Bedürfnissen planen zu können. Darüber hinaus fördern viele Länder unter dem Eindruck eines demografisch bedingten kleiner werdenden Pools von Arbeitskräften mit unterschiedlichen Anreizen ein längeres Verbleiben im Arbeitsprozess.

Andere addieren bei Rentenbezügern, die sich immer noch in einer Anstellung befinden, die Renten- und das Erwerbseinkommen nicht wie in der Schweiz, weil das die Steuerbelastung wegen der Progression massiv verstärkt. Dänemark, Schweden, Island oder die Niederlande etwa besteuern ein Erwerbseinkommen nach dem Beginn des Rentenbezugs tiefer als das Renteneinkommen. Auch wird in Dänemark seit 2023 das Erwerbseinkommen von Rentnern sowie ihrer Ehe- oder Lebenspartner vollständig aus der Einkommensüberprüfung für Leistungen aus dem öffentlichen Rentensystem ausgeklammert. Das heisst, dass man nicht schlechtere Leistungen erhält, wenn man länger im Erwerbsprozess verbleibt. Generell ergibt eine Auswertung der OECD von 2023 (vgl. «Pension at a Glance», 2023), dass kaum ein Land die Erwerbstätigkeit nach der Pensionierung fiskalisch schlechter behandelt als die Schweiz. Aus diesem Grund warnt ja auch – wie bereits einmal erwähnt – das auf das Thema Pensionierung spezialisierte Vermögenszentrum VZ vor «kostspieligen Steuerfallen». Wer in der Schweiz länger arbeite, müsse «vorsichtig sein».

Diese reformfreudige oder reformfähige Ländergruppe lässt sich grob in zwei Gruppen unterteilen: Es gibt angelsächsisch geprägte Systeme und solche der nordeuropäischen Staaten.

Werfen wir zuerst einen Blick auf erstere.

Grossbritannien kennt kein fixes Pensionierungsalter. Dieses wurde 2011 abgeschafft. Die maximale Rente kann man mit 66 und bald einmal mit 67 beziehen, was aber keinen Einfluss auf die Beschäftigung hat. Arbeitgeber können Angestellte nicht wegen des Alters zur Pensionierung zwingen. Vielmehr dürfen Letztere so lange arbeiten, wie sie wollen, vorausgesetzt, sie verfügen über die dafür notwendigen – z. B. gesundheitlichen – Voraussetzungen. Es ist möglich, schrittweise aus dem Arbeitsprozess auszuscheiden, indem man eine Teilzeitbeschäftigung mit der staatlichen Pension kombiniert. Im Jahr 2015 erfolgte mit der «Pension Freedoms» ein weiterer Flexibilisierungsschritt für Rentensparer über 55 Jahre. So ist es nun erlaubt, das gesamte Rentenguthaben nach Belieben abzuheben oder zu investieren. Vorher war die Nutzung dieser Ersparnisse nur mittels einer lebenslangen Rente möglich. Steuerlich sind die ersten 25 Prozent einer Auszahlung steuerbefreit. Neben der vollständigen

Auszahlung bestehen auch Optionen wie «Flexi-access drawdown»; hier können Rentner flexibel Geld aus ihrer Pensionskasse entnehmen, während der Rest investiert bleibt. Das Ziel dieser Reform war es, dass Rentner ihre Vorsorgegelder so nutzen können, wie sie es möchten. Gemäss Zahlen der OECD hat sich in Grossbritannien die Erwerbstätigkeit der über 65-Jährigen zwischen 2000 und 2014 verdoppelt.

In Australien existiert ebenfalls kein fixes Pensionierungsalter. Unter dem Age Discrimination Act von 2004 ist es Arbeitgebern verboten, ein Arbeitsverhältnis nur aus Altersgründen zu beenden.

In Kanada gilt seit 2019 ein variables Renteneintrittsalter, das zwischen 60 und 70 Jahren liegt. Wer vor dem 65. Lebensjahr in den Ruhestand gehen möchte, muss Abschläge hinnehmen, wer bis zum Alter von 70 Jahren weiterarbeitet, dem winken Zuschläge.

In Neuseeland existiert kein offizielles Pensionierungsalter. Die Leute können so lange arbeiten, wie sie wollen. Ab 65 kann man Pensionsgelder beziehen, die aus dem Staatshaushalt stammen. Die Höhe ist nicht vom Beschäftigungsgrad oder der Beschäftigungsdauer abhängig, sondern einzig und allein von den Lebensumständen: Ob man verheiratet ist, allein oder mit einem Partner lebt, wirkt sich auf die Höhe der Rente aus. Selbst wenn man diese bezieht, ist es zulässig, weiterzuarbeiten, ohne jede Reduktion der Bezüge.

Die USA kennen ebenfalls kein offizielles Pensionierungsalter. Dieses wurde 1986 abgeschafft. Ausnahmen betreffen spezielle Berufsfelder mit besonderen Anforderungen etwa an die Sicherheit, zum Beispiel im Fall der Piloten. Somit können normale Arbeitnehmerinnen und Arbeitnehmer so lange arbeiten, wie sie wollen. Für die Beendigung der Erwerbstätigkeit sind individuelle Abmachungen zwischen Arbeitgebern und Arbeitnehmern oder aber Vereinbarungen zwischen Gewerkschaften und Arbeitgebern nötig. Wer sich letzteren entziehen will, darf einfach keiner Arbeitnehmerorganisation angehören. Staatliche Renten (social security) fliessen ab 62, die maximale Höhe wird mit 67 erreicht. Wer über dieses Alter hinaus im Erwerbsleben verbleibt, verfügt über zwei Optionen: Er kann die maximale Rente sofort beziehen, ohne dass sein Lohn einen Einfluss auf die Höhe der Rente hätte. Er darf aber auch den Bezug der Rente bis 70 hinausschieben. Dann wird für jedes Jahr des Aufschubs ein Zuschlag auf die Rente gewährt. Eine wichtige Rolle spielt in den USA das Gesetz gegen Altersdiskriminierung von 1967 (Age Discrimination in Employment Act), welches auf Personen über 40 Jahre anwendbar ist. Der Schutz bezieht sich sowohl auf Angestellte als auch auf Stellensuchende. Gemäss diesem Gesetz ist es «unlawful to discriminate against a person because of his/her age with respect to any term, condition, or privilege of employment, including hiring, firing, promotion, layoff, compensation, benefits, job assignments, and training». Dieses Gesetz kennt keine altersmässige Obergrenze, auch eine über 70-jährige Person kann dieses anrufen.

Und wie sehen die Regelungen in den nordeuropäischen Ländern aus?

Schweden kennt kein offizielles Pensionierungsalter. Ab 63 kann man eine Rente beziehen; die Maximalrente fällt mit 67 an. Die Dauer der Beschäftigung hat eine Auswirkung auf die Höhe der Rente. Bis zum 69. Altersjahr besteht ein Recht zu arbeiten. Man kann auch länger erwerbstätig bleiben, wenn sich Arbeitnehmerin respektive Arbeitnehmer und Arbeitgeber darauf einigen. Wer nach 67 noch Lohn bezieht, der muss darauf weniger Steuern und weniger Sozialabgaben bezahlen. Damit möchte der schwedische Staat ein längeres Verbleiben im Arbeitsprozess fördern.

In Norwegen herrscht ebenfalls kein fixes Pensionierungsalter. Für das Ausscheiden aus dem Berufsleben besteht eine Zeitspanne zwischen 62 und 75 Jahren. Eine staatliche Rente erhält man mit 67. Sie wird unabhängig davon, ob man weiter berufstätig sein will, ausbezahlt. Diese Rente basiert auf dem Einkommen, das man während der gesamten beruflichen Karriere verdient hat, sowie auf der Dauer der beruflichen Tätigkeit. Generell heisst das, dass die Rente umso höher ist, je länger man gearbeitet hat. Eine Reform von 2011 verfolgte das Ziel, mehr Flexibilität zu ermöglichen, gleichzeitig aber auch, die Arbeitnehmer länger im Erwerbsleben zu halten. Seither ist es erlaubt, ab 62 das gesamte oder einen bestimmten Prozentsatz seines Rentenguthabens zu beziehen. Wer nur einen Teil seiner Rente in Anspruch nimmt und daneben weiter arbeitet, vermag dadurch deren Höhe zu verbessern. Gleichzeitig ist es unter bestimmten Umständen möglich, dafür Steuererleichterungen zu erhalten.

In Dänemark ist es freigestellt, wann man sich pensionieren lassen will. Eine staatliche Rente gibt es ab dem 67. Altersjahr, wobei diese Bestimmung an die allgemeine durchschnittliche Lebenserwartung geknüpft ist und schrittweise bis auf 70 ansteigen wird. Man kann ein Gesuch um eine vorzeitige Pensionierung von maximal drei Jahren stellen, aber nur, wenn man dreissig Jahre lang Beiträge in eine Arbeitslosenversicherungskasse eingezahlt hat. Eine Sonderregelung besteht für Personen, die eine sehr lange Arbeitskarriere hinter sich haben (im Minimum 42 Jahre) und in schlechter Gesundheit sind. Diese profitieren von einem Angebot, sich maximal um sechs Jahre vorzeitig pensionieren zu lassen. Auf der anderen Seite findet sich auch die Option, die Pensionierung um maximal 10 Jahre aufzuschieben, was zu einer höheren Pension führt. Alle diese Massnahmen wirkten sich dahingehend aus, dass die Erwerbstätigkeit primär der Männer in der Altersgruppe der 65- bis 69-Jährigen deutlich angestiegen ist, und zwar von 16 Prozent vor der Rentenreform auf heute gut 25 Prozent. Das dänische Rentensystem gilt weltweit als Referenzgrösse. Interessanterweise haben sogar die Gewerkschaften im Interesse einer finanziellen Stabilität die Koppelung des Rentenalters an die Lebenserwartung befürwortet – im Gegensatz zur Schweiz, wo die Linke eine entsprechende Volksinitiative der Jungfreisinnigen polemisch bekämpft und zu Fall gebracht hat.

Wie vergleicht sich nun die Schweiz mit diesen angelsächsischen oder nordischen Rentensystemen? Einige Elemente, einige Möglichkeiten für eine Flexibilisierung oder

Individualisierung des Ausscheidens aus dem Arbeitsprozess bestehen mittlerweile auch hierzulande, primär seit der Reform AHV 21, die Anfang 2024 in Kraft getreten ist. Das ist immerhin ein Fortschritt gegenüber noch vor wenigen Jahren. Kurz vor der Jahrtausendwende wurde über zwei Volksinitiativen abgestimmt, die beide eine Flexibilisierung der AHV einführen wollten. Die eine stammte vom Schweizerischen Kaufmännischen Verband, die andere von der Grünen Partei. Die Flexibilisierung hätte darin bestanden, dass die Weiterarbeit nach dem 62. Altersjahr völlig fakultativ gewesen wäre, da dann bereits die Maximalrente gelockt hätte. Bedenklich war die Bestimmung, die Aufgabe der Erwerbstätigkeit stelle die zentrale Voraussetzung für den Bezug der Rente dar. Bei dieser angeblichen Flexibilisierung handelte sich im Kern also um einen Vorschlag, das Rentenalter abzusenken und die Weiterarbeit über dieses hinaus zu erschweren.

Noch heute zirkulieren solche Vorstellungen in gewissen politischen Zirkeln, was die heutige Blockadesituation bezüglich AHV-Reformen in der Schweiz ein Stück weit zu erklären vermag. Denn wenn auch die letzte Reform eher in die gegenteilige Richtung zielte und gewisse Flexibilisierungsoptionen für die Pensionierung einführte, ist es ausgesprochen schwierig, als Arbeitnehmer diese auf individueller Basis zu nutzen. Meist ist dafür ein beträchtlicher Aufwand erforderlich, vielfach unter Beizug einer externen Beratung durch Spezialisten.

In dieses Bild passt, dass in der Schweiz keinerlei ernsthafte Anstrengungen zu verzeichnen sind, um die Leute länger im Arbeitsprozess zu halten, im Gegensatz zu den erwähnten Beispielen anderer Länder. Doch die Notwendigkeit für Änderungen nimmt zu angesichts der wachsenden Opposition gegen das rasche Bevölkerungswachstum der Schweiz. Welche Reformen man dann anstreben könnte oder sollte, dafür bieten sich mittlerweile zahlreiche internationale Beispiele an.

12. Schafft die Pensionierung ab!

Müsste man heute ein System erfinden, wie Menschen aus dem Arbeitsprozess ausscheiden, ohne finanziell in ein Loch zu fallen, käme niemand auf das Konzept, es so zu tun, wie es heute in der Schweiz geschieht. Hans-Joachim Voth, Professor am UBS Center for Economics in Society, schreibt: «Hinzu kommt die verhängnisvolle Altersguillotine bei der Pensionierung. Es hat überhaupt keinen Sinn, kompetente, erfahrene Leute standardmässig aus dem Arbeitsprozess auszusortieren.» Doch die Politik verhält sich auch in diesem Fall wie so häufig unlogisch, weshalb sie genau dies tut: Menschen mit dem Erreichen eines völlig arbiträr festgelegten Altersjahrs in den Ruhestand zu befördern, und erst noch, ohne dass diese dazu etwas zu sagen hätten.

Nun ist die Schweiz nicht gänzlich allein: In einigen anderen Staaten findet sich dieser Ansatz immer noch festgezurrt in den Gesetzen. Anderswo sind es mehr die rententechnischen Annahmen, die steuerlichen Bestimmungen, die Praxis der Unternehmen sowie die bürokratischen Zwänge der Pensionskassen, die am Ende ebenfalls zu einer faktischen Zwangspensionierung führen. Die meisten Betroffenen sehen sich bei einer der wichtigsten Lebensentscheidungen jeder Mitsprache beraubt. Die Politik wie die Unternehmen handeln dabei gegen ihre eigenen Interessen. Gemäss Hans-Joachim Voth handelt es sich um «eine Verschwendung von Humankapital».

Es ist tatsächlich ein merkwürdiges Konstrukt: Irgendwann muss man schlagartig aufhören zu arbeiten, wird zum Nichtstun verdammt und damit zu einer potenziellen Belastung der Gesellschaft, nicht zuletzt wegen der Kosten für die Finanzierung der nun fälligen Renten. Wir verdanken dies der deutschen Politik zu Zeiten von Bismarck. Es war die Ära der Industrialisierung. Die Kamine schloteten, die Fabrikhallen waren erfüllt von Staub, Lärm, Rauch, Hitze, Russ. Ein guter Teil der Arbeiter schuftete viel, verdiente wenig und lebte unter schlechten hygienischen und gesundheitlichen Bedingungen. Auf diesem Nährboden wuchsen Sozialismus und Marxismus kräftig, die vehement eine soziale Besserstellung der Beschäftigten in der Industrie forderten. Um diesen Bewegungen den Wind aus den Segeln zu nehmen, erfand Bismarck die staatliche Altersrente und damit die Pensionierung.

Die Meinung, dass es sich dabei um ein alternativloses Konzept handelt, ist falsch. Gerne und häufig wird in diesem Zusammenhang auf die Insel Okinawa verwiesen, wo der Begriff Pensionierung unbekannt ist. Als einer der ersten wies der amerikanische Journalist Dan Buettner auf diese Tatsache hin. Er arbeitete damals für das *National Geographic Magazine* und hatte sich auf das Thema Langlebigkeit spezialisiert. Da Okinawa zu den Orten mit der weltweit höchsten Zahl von Hundertjährigen gehört, besuchte er ab 2009 die Insel mehrmals und brachte unter anderem als Erkenntnis mit, dass dort das Konzept des Ruhestands unbekannt sei. «In the Okinawan language there is not even a word for retirement. Instead, there is one word that imbues your entire life, and that word is ikigai.» Ikigai bedeutet sinngemäss übersetzt: «Das, wofür es sich zu leben lohnt», «Die Freude und das Lebensziel» oder «Das Gefühl, etwas zu haben, für das es sich lohnt, morgens aufzustehen.»

Die scharfe Trennung zwischen Arbeit und Nicht-Arbeit widerspricht dieser Vorstellung. Wenig überraschend, dass sich unter der Generation Z Ikigai einer grossen Popularität erfreut. Dies beweist der Buchmarkt, wo es von Titeln zu diesem Thema wimmelt. Auch *Netflix* ist mit einer grossen Dokumentarserie auf den Trend aufgesprungen. Die Generation Z legt einen starken Fokus auf Selbstoptimierung. Deswegen zeichnet sie sich dadurch aus, dass Arbeit und Freizeit keine streng getrennten Sphären mehr darstellen. Man verzichtet etwa im Interesse einer grösseren persönlichen Freiheit auf eine Festanstellung und arbeitet konsekutiv an einzelnen Projekten, mal intensiv, mal weniger, mal Zuhause, mal im Co-Workingspace, mal am Tag, mal in der Nacht.

Wenn die Arbeit keine klar definierte Sphäre mehr darstellt, die sich von der Nicht-Arbeit, der Freizeit, scharf abhebt, dann betrifft diese Sichtweise logischerweise auch das, was sich aus dem Konzept der festangestellten beruflichen Tätigkeit zwingend ergibt: das Ausscheiden aus dieser Sphäre. Dieses findet dann einfach nicht mehr statt. Das Glück des Lebens und dessen Würde besteht im Alter folglich nicht im Nichtstun, sondern in einem nach freiem Ermessen und in einer selbstbestimmten Intensität gepflegten Tätigsein. Zentral ist dabei «nach freiem Ermessen». Natürlich sind viele Pensionierte in der Schweiz noch tätig. Sie setzen sich in der Freiwilligenarbeit ein, sie wirken in Vereinen mit, hüten Enkelinnen und Enkel, sie sorgen für ihre hochbetagten Eltern. Aber all das ist die Konsequenz eines erzwungenen Ausscheidens aus dem Beruf und nicht die Folge eines freien Entscheids. Die Gesellschaft verhält sich dabei paradox: Man schickt die Leute zwangsweise möglichst früh in die Rente, um sich dann in Filmen, Comedy-Produktionen, Radioshows oder in der Literatur über deren Lebensstil lustig zu machen.

In Okinawa mit seinen vielen über 100-Jährigen mag die Welt ihre Zukunft sehen. Denn hier finden sich Verhältnisse, die andernorts erst gerade Realität werden: Die Menschen leben im Durchschnitt immer länger. Im Jahr 2050 dürfte die Zahl der über 60-Jährigen weltweit etwa zwei Milliarden ausmachen. Die Zahl der Hundertjährigen steigt auch in der Schweiz steil an. Zudem erfreuen sich viele Menschen bis ins hohe Alter einer guten Gesundheit; sie bleiben intellektuell und physisch viel länger leistungsfähig. Dieser Trend müsste eigentlich dazu führen, nicht steril eine Rentendebatte zu führen, in der es nur um das Ausscheiden aus dem Arbeitsprozess und um – möglichst hohe – Renten geht. Dadurch verfestigt sich der Eindruck, wonach das Alter eine Bürde, einen volkswirtschaftlichen Nachteil und eine gesellschaftliche Last darstellt. Dementsprechend limitiert ist das Instrumentarium, welches die Politik im Umgang mit diesem vermeintlichen Problem kennt: Man schraubt am Pensionierungsalter, man diskutiert über zusätzliche Sozialbeiträge, man fördert das Gesundheitsbewusstsein, man gibt mehr Geld für Sozialprogramme für Seniorinnen und Senioren aus, man verbilligt den Besuch von Aquafit-Klassen. Seit über hundert Jahren verläuft die Schweizer Rentendebatte in diesen ausgeleierten Spuren.

Die demographischen Veränderungen würden aber etwas anderes erfordern: Man sollte eigentlich darüber diskutieren, welche Möglichkeiten und Chancen heute das Alter bietet. Denn beeinflusst von medizinischen Fortschritten, von technologischen Erleichterungen und stimulierenden modernen Berufsbildern drängt sich längst ein positiveres und von Opportunitäten geprägtes Framing des Alters auf. Darin würde die Pensionierung keine zentrale Rolle spielen, ganz im Gegensatz zu heute, wo immer noch die auf Bismarck zurückgehende Lebensstruktur das Denken beherrscht – in einer Formulierung des World Economic Forums aus dem Jahr 2015: «study, work, retire, expire».

Dieses Modell bildet weiterhin die Basis unserer Rentendebatte. In der Politik haben die gewaltigen Änderungen in Bezug auf Lebensalter, Gesundheit und Leistungsfähigkeit älterer Personen noch wenig Widerhall gefunden. Das wäre doch ein Betätigungsgebiet für all jene, die ständig das «würdige Alter» beschwören! Wie viel Würde liegt in einem Alter, das als Opportunity gesehen wird, als Chance für den Einzelnen wie auch für die Gesellschaft, und das nicht auf die Frage reduziert wird, ob die AHV pro Monat 100 Franken mehr ausschütten soll. Der bekannte Kolumnist der *Financial Times*, Martin Wolf, schrieb: «We need to rethink old age. As individuals and society. We must not shuffle a huge proportion of our society into unproductive and unhealthy ‹old age›. We can and must do far better.»

Dass dies noch nicht geschehen ist, zeigt die Schwierigkeit für fundamentale Veränderungen auf diesem Gebiet. In der Schweiz gilt das Rentensystem als Folge vieler Blockaden mittlerweile als Musterbeispiel von Reformunfähigkeit. Diese charakterisiert Klaus Armingeon, der als Politikwissenschaftler an der Universität Bern tätig war, folgendermassen: «Der Begriff der Pfadabhängigkeit bezeichnet einen selbstverstärkenden Prozess, bei dem die Wahrscheinlichkeit, eine einmal eingenommene Entwicklungsrichtung beizubehalten, mit jedem Schritt in diese Richtung wächst. Oder mit anderen Worten: Die Kosten des Wechsels zu einer zuvor plausiblen Alternative steigen so an, dass Akteure aus rationalen Gründen den einmal beschrittenen Pfad nicht mehr verlassen wollen. Pfadabhängigkeit charakterisiert die Entwicklung des schweizerischen Alterssicherungssystems.» Das heisst, dass über einen langen Zeitraum gewachsene Rentensysteme mit jeder Weiterentwicklung noch komplizierter und anspruchsvoller werden. Die organisatorischen und finanziellen Strukturen differenzieren sich zunehmend aus, die Bürokratie rund um die Administration des Systems wächst, die Politik denkt nur noch innerhalb der bereits bestehenden Strukturen.

Armingeon verdanken wir auch den schönen Begriff der «selbst geschaffenen Bataillone des Wohlfahrtsstaates». Diese würden für eine systemimmanente Rentendebatte unter dem möglichst grossen Schutz der bestehenden Privilegien und unter Vermeidung fundamentaler Änderungen sorgen. Im Fall des Rentensystems würden zwei Logiken verstärkend wirken: Zum einen hätten die meisten durch Lohnabgaben für AHV und Pensionskasse bereits in das Versicherungssystem eingezahlt und wollten ihr Geld zurückerhalten. Für Hans-Joachim Voth vom UBS Center für Economics ist dies eine Konsequenz daraus, dass die Politik eine falsche Anspruchshaltung geweckt habe: «Diese suggeriert den Leuten: Ich habe in die Sozialversicherung einbezahlt. Dadurch erkaufe ich mir das Recht, mit 62 in die Rente zu gehen – selbst wenn das versicherungsmathematisch nicht aufgeht. Erhöht die Politik nun das Rentenalter, so haben die Leute das Gefühl, man nehme ihnen etwas weg. Entsprechend wird das Arbeiten zur Strafe.»

Die zweite verstärkende Logik, welche die «Bataillone des Wohlfahrtsstaats» noch stärker auf Trab bringt, sieht Armingeon darin, dass es sich bei der Rentenversicherung um eine sogenannte Lebenszyklus-Versicherung handle. Jede Bürgerin und jeder Bürger profitiert im Laufe des Lebens von ihr, im Gegensatz beispielsweise zur Arbeitslosenversicherung. Politikerinnen und Politiker, die solche Lebenszyklus-Versicherungen zurückbauen wollen, stünden deswegen schon auf verlorenem Posten, bevor sie überhaupt angefangen hätten – sofern sie nicht zuallererst kluge Strategien entwickeln, wie die Reformen den primär Betroffenen schmackhaft gemacht werden könnten. Immerhin ist die Mehrheit aller regelmässig Stimmenden älter als 55 Jahre.

Diese hätten die Rente in Sichtweite oder bezögen sie bereits. Daraus zieht Armingeon eine klare Schlussfolgerung: Der Selbsterhaltungstrieb des Systems verstärke sich ständig und Veränderungen würden zunehmend schwierig. «Der grosse, neue Wurf, mit dem vollkommen neu begonnen wird, ist nicht möglich.»

Die Fakten unterstützen diese These. Die Schweiz pensioniert im Kern immer noch gleich wie bei der Einführung der AHV 1948. Das Pensionierungsalter ist sogar identisch. Sie pensioniert immer noch pauschal und schematisch. Dies lässt sich mit Zahlen der Swiss-Life-Studie gut belegen. So zeichnet sich die Schweiz durch eine im internationalen Vergleich überdurchschnittlich hohe Erwerbsquote der unter 65-Jährigen aus. Danach, in der Altersgruppe 65 bis 69 sinkt diese Quote allerdings stark ab. Aus dem Klassenbesten wird jetzt ein Durchschnittsschüler. Mehr noch: Zwar stieg Zahl der Erwerbstätigen in dieser Altersgruppe auch in der Schweiz bis 2016 auf 23 Prozent an. Doch seither stagniert sie oder sinkt gar wieder leicht ab. In den übrigen Staaten der OECD nimmt sie dagegen seit 2016 im Durchschnitt kontinuierlich zu, so dass die Schweiz weiter an Boden verlieren wird.

Aus diesen Zahlen lässt sich wohl nur eine Interpretation ableiten: In der Schweiz ist das Rentenalter enorm stark verankert. Damit verbunden ist die gesellschaftlich weit verbreitete Vorstellung, dass man mit 65 in Pension geht und dies mit der Aufgabe jeder beruflichen Tätigkeit verbunden sei. Die Arbeitskräfteerhebung 2024 des BfS hat ergeben, dass Erwerbspersonen im Schnitt mit 65 Jahren aus dem Arbeitsmarkt austreten! Immer noch sind viele Schweizer bis 65 sehr fleissig, danach aber nur noch fleissige Nutzer des SBB-GA.

In einer Studie des Staatssekretariats für Wirtschaft (SECO) *Erwerbstätigkeit über das ordentliche Rentenalter hinaus* aus dem Jahr 2020 heisst es, dass ein vom Gesetzgeber festgelegtes Rentenalter als «Empfehlung» für das Ausscheiden aus dem Arbeitsprozess wahrgenommen würde. Dieses definiere die gesellschaftliche Norm, das heisst, dass auch andere Personen zu diesem Zeitpunkt in Rente gehen werden. Das Arbeitsverhältnis wird folglich «automatisch» auf das Rentenalter hin beendet. «Eine Weiterbeschäftigung müsste aktiv angesprochen werden, d. h. von der ‹Standardvariante› müsste abgewichen werden. Wie wichtig ein solcher ‹Default› ist, zeigen die Erkenntnisse der Verhaltensökonomie (prominente Beispiele sind etwa die Organspende und Pläne für die Rentenvorsorge). In diesen Situationen zeigt sich, dass eine ‹Standardvariante›, auch wenn man problemlos davon abweichen könnte, sehr häufig beibehalten wird – unabhängig davon, wie dieser Standard festgelegt ist. Diese Faktoren führen sowohl auf Arbeitgeber- als auch auf Arbeitnehmerseite dazu, dass das ordentliche Rentenalter ‹in den Köpfen verankert ist›.»

Eine wissenschaftliche Abhandlung von 2023 bestätigt diese These (Lalive, Magesan und Staubli, *How social security reform affects retirement and pension claiming*). Sie kam zum Ergebnis, dass viele Arbeitnehmer den Zeitpunkt ihrer

Pensionierung einem tatsächlichen oder angeblich offiziellen Datum anpassen würden. Das bedeutet, dass ein festgelegtes Rentenalter dazu führt, dass viele Menschen genau zu diesem Zeitpunkt in den Ruhestand gehen. Weil sich die meisten Arbeitnehmerinnen und Arbeitnehmer gleich verhalten, entsteht dadurch eine Art soziale Norm oder ein sozialer Druck, sich nicht anders zu verhalten. In der Forschung wird dies als «Default/Anker-Effekt» bezeichnet: Default meint Standardeinstellung oder eine Standardoption, von der man aktiv abweichen müsste; beim Ankereffekt handelt es sich um ein psychologisches Phänomen, bei dem sich Menschen bei ihren Entscheidungen stark von einer bestimmten Ausgangsinformation (dem «Anker») beeinflussen lassen. Die überwiegende Zahl von Arbeitnehmerinnen und Arbeitnehmern in der Schweiz betrachtet das Pensionierungsalter 65 als Default-Zahl, die deswegen auch nicht hinterfragt wird. «Man wird mit 65 pensioniert, ist doch klar», sagen sie. Man kann hier nochmals auf Zahlen aus der Swiss-Life-Studie verweisen. 39 Prozent der Befragten sagten, das Rentenalter 65 für Männer sei ideal. 22 Prozent gaben an, ein Zeitraum zwischen 62 und 64 sei optimal. Das heisst: 65 ist am besten, etwas früher auch sehr gut. Nur 15 Prozent finden, dass Männer idealerweise länger als bis 65 arbeiten sollten.

Dass die Zahl 65 in den Köpfen der Schweizerinnen und Schweizer derart stark verankert ist, widerspiegelt die Pensionierungsrealität in der Schweiz. Gerade Grossfirmen mit ihren zentralen HR-Abteilungen gehen das Thema schematisch an. Mit 65 ist Schluss! Nicht nur die Arbeitsverträge, auch alle Reglemente sind darauf ausgerichtet; eine Möglichkeit zur Weiterarbeit wird nicht erwähnt. Diese normenbildende Rolle der grossen Unternehmungen lässt sich indirekt aus der Tatsache ablesen, dass bei den KMUs der Anteil der Ü65-Beschäftigten viel höher ist. Satte 66 Prozent der Angestellten von KMUs sagen gemäss Swiss-Life-Studie, sie möchten nach 65 weiterarbeiten. Bei den Grossen äussern nur 36 Prozent diesen Wunsch. Zudem stösst man in den Daten von Swiss Life auf einen interessanten Zusammenhang: Je grösser die Firma, desto grösser die Zahl der Frühpensionierungen. Man signalisiert damit der Belegschaft, dass 65 das absolute Maximum darstelle, das man erwarten könne. Damit fördern diese Unternehmen nicht zuletzt die Vorurteile gegenüber älteren Arbeitnehmern: zu wenig dynamisch, zu wenig flexibel, zu wenig innovativ, «den Anschluss verpasst». Sie sind verzichtbar. Konzerne leisten deswegen auch vielfach keine Investitionen mehr in die Weiterbildung von über 55-Jährigen und beklagen sich nachher, diese hätten «den Anschluss verpasst».

Dagegen spielt die Zahl 65 für diejenigen, die nicht angestellt sind, keine grosse Rolle. In den Zahlen der Swiss-Life-Studie findet sich die Angabe, dass 72 Prozent der 50-jährigen Bevölkerung angestellt erwerbstätig sind, aber nur 16 Prozent sind selbständig erwerbend oder mitarbeitende Familienmitglieder. Mit 65 sinkt der Prozentsatz der angestellten Erwerbstätigen auf 15 Prozent. Aber immer noch 12 Prozent sind zu diesem Zeitpunkt selbständig erwerbstätig. Es ergibt sich daraus, dass ein signifikanter Teil der

Selbständigen im Rentenalter weiterarbeitet, aber nur eine kleine Minderheit der Angestellten. Die Kurve der Erwerbstätigkeit von Selbständigen sinkt von einem Höhepunkt von knapp 20 Prozent um 62 ganz langsam und kontinuierlich ab und beträgt mit 74 immer noch etwa sieben Prozent. Mit 65 erfolgt bei diesen demnach kein Bruch wie bei den Angestellten, was ebenfalls ein Hinweis ist, wie sehr die grossen Firmen für die Promotion des quasi obligatorischen Rentenalters 65 verantwortlich sind.

Damit entwickelt sich die Schweiz zunehmend zum Sonderfall: Sie pensioniert im internationalen Vergleich mittlerweile eher früh als spät. Die Stadt Bern etwa schickt ihre – vermutlich stark erschöpften – Beamten bereits mit 63 in den Ruhestand und lässt sich diese Grosszügigkeit ein Stück weit aus dem Finanzausgleich bezahlen. Umgekehrt kennt die Schweiz auch eine der weltweit höchsten Lebenserwartungen. Nur schon aus finanzieller Perspektive ist diese wachsende Diskrepanz längerfristig nicht tragbar.

Natürlich wird die Linke sagen, man müsse dann einfach die Steuern erhöhen oder den Reichen mehr Geld abknöpfen. Dann sei alles finanzierbar. Aber letztere werden bei ständig steigender Steuerlast irgendeinmal das Weite suchen und nach Dubai ziehen. Bei den Bataillonen des Wohlfahrtsstaats verschliessen viele Soldatinnen und Soldaten die Augen vor dieser Realität und stemmen sich gegen Veränderungen mit dem Resultat, dass «der grosse, neue Wurf, mit dem vollkommen neu begonnen wird, nicht möglich» ist, um nochmals Klaus Armingeon zu zitieren.

Was also soll man realpolitisch tun?

Realpolitisch dürfte die Abschaffung des bisherigen und dessen Ersatz durch ein völlig neues System nicht durchsetzbar sein. Es lässt sich fast jede grössere Reform mit der Behauptung, diese führe zu einem Leistungsabbau, torpedieren. Also muss man das jetzige Pensionierungssystem so zu reformieren versuchen, dass eine grösstmögliche Flexibilisierung entsteht, mit einer grösstmöglichen Wahlfreiheit für den Einzelnen. Zudem muss der Staat die Möglichkeiten eines längeren Verbleibens im Arbeitsprozess endlich ernsthaft fördern. Auch dies wäre selbstverständlich freiwillig, hätte aber für diejenigen, die das wollen, wie auch für die Wirtschaft positive Folgen – Stichwort Fachkräftemangel. Es stellt dies die einzige Chance dar, aus der sterilen Debatte über eine Erhöhung des Pensionierungsalters auszusteigen. Martin Wolf, Kolumnist der *Financial Times*, bemerkte vor einiger Zeit zu Recht: «Nur pauschal das Rentenalter zu erhöhen ist sowohl ineffizient wie auch ungerecht, weil die Lebenserwartung so ungleich verteilt ist.» Mit einer Flexibilisierung und besseren Anreizen dürfte es gelingen, mehr Leute länger im Arbeitsprozess zu halten. Im Kern wirkt es widersinnig, diejenigen fiskalisch zu bestrafen, die freiwillig länger arbeiten wollen – man muss sie belohnen! Wer länger arbeitet, soll später von einer höheren Rente profitieren. Gelingt dies, dann erfährt auch das Rentensystem fiskalisch eine Entlastung.

Damit eine Flexibilisierung möglich ist, braucht es eine Entkoppelung von rententechnischen Jahreszahlen und dem effektiven Ausscheiden aus dem Arbeitsprozess. Wenn man versicherungsmathematisch ein Alter 65 als Referenzpunkt für die Rentenberechnung festlegt, dann sollte daraus nicht abgeleitet werden, diese Zahl entspreche auch dem effektiven Pensionierungsalter. Ob ein Referenzpunkt überhaupt nötig ist, mögen die Mathematiker beurteilen. In der bereits erwähnten SECO-Studie *Erwerbstätigkeit über das ordentliche Rentenalter hinaus* wird dies ebenfalls als zentraler Punkt dargestellt. Ausgangspunkt der Autoren ist die Beobachtung, dass mit einem gesetzlichen Rentenalter ein «offizielles» Alter des Übertritts von der Erwerbstätigkeit in die Rente festgelegt wird. Auch wenn es die Möglichkeit eines früheren Ruhestands respektive einer verlängerten Erwerbstätigkeit gebe, werde dieses ordentliche Rentenalter als Norm wahrgenommen. Bestärkt werde dieser Eindruck, weil fast alle Arbeitsverträge in der Schweiz vorsähen, dass das Arbeitsverhältnis automatisch auf das Rentenalter hin beendet werde. «Eine Weiterbeschäftigung müsste aktiv angesprochen werden, d. h. von der ‹Standardvariante› müsste abgewichen werden.» Dass viele ungern von einem Standard abweichen, sei eine Tatsache, welche die Verhaltensökonomie vielfach aufgezeigt habe, unabhängig davon, wie diese Norm festgelegt worden ist.

Um dies zu ändern, empfehlen die Autoren verschiedene Ansätze. Ein erster bestünde darin, das ordentliche Rentenalter aufzuheben. Dieses sollte durch einen «Alterskorridor» ersetzt werden, also eine beträchtliche Zeitspanne, innerhalb derer man sein Ausscheiden aus dem Erwerbsleben frei festlegen könne. Die Autoren der Seco-Studie schreiben: «Wenn jemand länger arbeitet, erhält er mehr Rente, bei einem früheren Erwerbsaustritt weniger. Entsprechend gilt auch in diesen Ländern ein Referenzrentenalter, das für die Berechnung der Rentenleistungen (Zu-/Abschläge) zählt, kommuniziert wird jedoch der Alterskorridor. Entsprechend ist in der Gesellschaft kein fixes Rentenalter verankert und die Arbeitgeber und Arbeitnehmer sind gezwungen, über den Zeitpunkt des Erwerbsaustritts zu sprechen.» Zudem könnte man auch die Möglichkeit schaffen, Teilrenten zu beziehen, womit eine Weiterarbeit zusätzlich an Attraktivität gewinnen würde.

Einen zweiten Hebel stellen die individuellen Arbeitsverträge dar, die in fast allen Fällen eine automatische Beendigung des Arbeitsverhältnisses vorsähen. «Indem Arbeitsverhältnisse grundsätzlich unbefristet ausgestaltet würden, könnte dieser Automatismus durchbrochen werden. Aktuell ist der Arbeitsvertrag gemäss OR zwar nicht automatisch auf das Rentenalter befristet. Häufig besteht aber zwischen Arbeitgeber und Arbeitnehmer mit dem Arbeitsvertrag eine entsprechende Vereinbarung. Für Angestellte der Bundesverwaltung etwa endet das unbefristete Arbeitsverhältnis ohne Kündigung mit Erreichen des ordentlichen Rentenalters. Eine Weiterarbeit ist in diesem Fall nur mit einem neuen Arbeitsvertrag und auf entsprechende aktive Initiative von Arbeitnehmer und/oder Arbeitgeber möglich.»

Insgesamt betonen die Autoren der Studie, dass die Veränderung in den Köpfen – weg von der Vorstellung eines fixen Pensionierungsalters! – die zentrale Massnahme darstelle, um die wirtschaftlich erwünschte Beschäftigung über 65 hinaus zu fördern. Tatsächlich haben, wie wir gesehen haben, verschiedene Länder in Europa wie zum Beispiel Grossbritannien, Schweden, Dänemark oder Norwegen solche Reformen bereits durchgeführt und kennen nun Alterskorridore für die Beendigung der beruflichen Tätigkeit.

Natürlich sähen sich die Firmen bei einem derartigen Regime gezwungen, aus ihrer beschäftigungspolitischen Phantasielosigkeit auszubrechen. Es wäre ein hochwillkommener Schritt. Denn die Swiss-Life-Studie hat gezeigt, dass die Absicht einer Weiterbeschäftigung über 65 hinaus in vielen Fällen mit dem Wunsch gekoppelt ist, das Pensum zu reduzieren und von flexibleren Arbeitszeiten zu profitieren. Das ist gerade in Grossfirmen heute kaum möglich, weil diese Standardlösungen bevorzugen. Individualisierte Arbeitsverhältnisse für ältere Angestellte erschweren natürlich die Arbeit der HR-Abteilungen. Doch mit etwas Veränderungsbereitschaft auf Seiten des Arbeitgebers erscheint das Problem relativ einfach lösbar.

Wer ebenfalls eine wichtige Rolle spielen könnte, um eine Flexibilisierung des jetzigen Pensionierungssystems zu ermöglichen, sind die Pensionskassen. Diese sind ja die Ansprechpartner für die Arbeitnehmer, wenn es um Fragen der Vorsorge und der Renten geht. Deren Interesse liegt primär darin, möglichst effizient mit den Versicherten umzugehen. Am einfachsten lässt sich dieser ökonomisch nachvollziehbare Vorsatz umsetzen, indem man Standardlösungen anbietet und alle nach Schema F behandelt. Individuelle Wünsche bedeuten einen erhöhten Beratungsaufwand, der finanziell unattraktiv wirkt. Den meisten Kassen käme es deswegen nie in den Sinn, die Versicherten auf die Möglichkeit einer Weiterarbeit unter individualisierten Bedingungen aufmerksam zu machen oder diese gar – untermauert mit gewissen Anreizen – zu empfehlen.

Die Fachleute der Firma PensExpert haben kürzlich dargelegt, dass die Kassen schon «mit wenigen unbürokratischen Reglementsanpassungen» ihren Versicherten eine bessere Altersvorsorge ermöglichen könnten, wenn diese über 65 hinaus arbeiten möchten. Heute würden diese steuerlich benachteiligt, weil sie dann zu Dreifachverdienern würden. «Neben dem Einkommen aus der Erwerbsarbeit werden auch Steuern auf die Renten aus der ersten und der zweiten Säule fällig. Durch die progressiven Steuersätze wird das zusätzliche Einkommen überproportional besteuert. Auch sind die steuerlichen Abzugsmöglichkeiten kleiner als vor der Pensionierung. Damit steigt die Steuerbelastung auf ein Niveau, das das Arbeiten im Pensionierungsalter unattraktiv macht und bei Arbeitswilligen den Ausschlag gibt, den Ruhestand zu geniessen und nicht weiterzuarbeiten.»

PensExpert schlägt deshalb vor, den erwerbstätigen Pensionierten zu ermöglichen, vorübergehend auf die Rente aus der Pensionskasse zu verzichten. Damit liesse sich die Steuerlast deutlich reduzieren. Später käme der Vorteil dazu, dass dank dem aufgeschobenen Rentenbezug eine deutlich höhere Rente resultieren würde. «In den allermeisten Reglementen der Pensionskassen ist ein solches Stop & Go derzeit hingegen noch nicht vorgesehen.» Ein weiteres Hindernis stellt die Tatsache dar, dass man sich nicht mehr einer Pensionskasse anschliessen kann, wenn man sich mit 65 pensionieren lässt, danach aber nochmals eine Erwerbstätigkeit aufnimmt. Diese unnötige bürokratische Hürde für allfällige Wiederbeschäftigung nach 65 ist aus der Vorstellung entstanden, mit 65 sei es mit dem Arbeiten eigentlich fertig. Solche Korrekturen erfordern keinen grossen Aufwand. Aber wenn kein Druck da ist, etwa weil die Arbeitgeber solche Änderungen nicht wünschen, dann regiert auch bei den Pensionskassen das Trägheitsgesetz. Und so geschieht nichts.

Eine weitere Reformidee brachte Rainer Eichenberger, Ökonomieprofessor an der Universität Fribourg, ins Spiel: Ein allfälliger Rentenaufschub könnte mit einem Rentenrabatt gekoppelt werden. Arbeitnehmer, die sich beispielsweise mit 60 für eine Rente erst ab 67 entscheiden, könnten von 61 bis 67 von den Arbeitnehmer- und Arbeitgeberbeiträgen stark entlastet werden.

Der Staat sollte schliesslich an mehreren Stellen den Hebel ansetzen, um das System zu flexibilisieren. Er müsste zunächst semantisch und faktisch vom «Pensionierungsalter» Abschied nehmen und den Begriff «Rentenkorridor» einführen. Die Schweiz hat dies mit der AHV-21 ein Stück weit vollzogen und versucht jetzt semantisch, aus dem Pensionierungsalter 65 ein Referenzalter 65 zu machen. Leider verstehen die wenigsten Leute diesen neuen Begriff. Dieser spielt auf versicherungstechnische Annahmen an, was nicht zum

Kernwissen breiter Bevölkerungskreise gehört. Wenn man schon von Pensionierungsalter spricht, dann müsste es nach einer entsprechenden Reform zum Beispiel heissen, dass dieses 58 bis 70 Jahre betrage. Und es hilft sicher nicht, wenn Bundesrätin Elisabeth Baume-Schneider in einem Interview zur AHV sagt: «Ich finde Rentenalter 65 sinnvoll.» Sie hämmert damit erneut die Vorstellung eines fixen Datums für das Ausscheiden aus dem Arbeitsprozess in die Köpfe der Schweizerinnen und Schweizer ein, was allerdings ganz auf der Linie der rentenpolitischen Orthodoxie ihrer Partei liegt.

In ihren Vorschlägen für das Reformvorhaben AHV 2030 erwähnte die Innenministerin immerhin einige Massnahmen zur Förderung der Weiterarbeit. Sie nannte etwa die Streichung des AHV-Höchstalters 70 für den Bezug einer AHV-Rente. Sodann sollte die Weiterarbeit zu einer höheren Rente führen. Zudem regt sie an, den Freibetrag für ein steuerfreies Einkommen für erwerbstätige Seniorinnen und Senioren zu erhöhen; dieser liegt heute bei bescheidenen 16 800 Franken.

Noch wichtiger wäre aber ein gesetzliches Verbot für Arbeitsverträge, die in einem bestimmten Alter automatisch auslaufen. Arbeitsverhältnisse für Festangestellte sollten grundsätzlich unbefristet gelten. Modifikationen bis hin zu einer Beendigung müssen dann individuell zwischen Arbeitnehmer und Arbeitgeber verhandelt werden. Dabei könnte der Bund als Arbeitgeber gleich mit dem guten Beispiel vorangehen. Auch für seine Angestellten endet heute das Arbeitsverhältnis ohne Kündigung mit dem Erreichen des «ordentlichen Rentenalters». Eine Weiterarbeit erfordert zwingend einen neuen Arbeitsvertrag. Auch hier verrät die Sprache den Geist, der dahinter steckt: das «ordentliche» Pensionierungsalter ist 65. Alles andere stellt folglich einen ausserordentlichen Fall dar.

Der Idee einer Individualisierung und Flexibilisierung der Arbeitsverhältnisse am besten gedient wäre aber, wenn die Schweiz ein Gesetz gegen Altersdiskriminierung zumindest im Bereich Arbeit und Beschäftigung einführen würde. Damit zöge sie mit den meisten anderen Industriestaaten gleich, die solche Vorschriften teilweise seit Jahrzehnten kennen. Eine gravierende Einschränkung der unternehmerischen Freiheit stellt dies mitnichten dar. Auf jeden Fall finden sich keine Hinweise darauf, dass etwa die amerikanische Wirtschaft unter solchen Bestimmungen gelitten hätte. Vielmehr könnte so endlich der heutigen Praxis ein Stück weit der Riegel geschoben werden, dass bereits 50-Jährige und ganz sicher aber über 55-Jährige enorm schlechte Chancen auf dem Arbeitsmarkt kennen und vielfach mit der Begründung «zu alt» abgewimmelt werden. Nicht wenige landen dann auf Kosten des Steuerzahlers in den staatlichen Sozialnetzen. Die Verhältnisse sind in dieser Hinsicht eigentlich skandalös. Das generelle Misstrauen, mit dem man Arbeitssuchende einzig wegen ihres Jahrgangs begegnet, ist diskriminierend. Und es ist in Zeiten des wachsenden Arbeitskräftemangels schwer begründbar, werden so doch fähige und arbeitswillige Personen aus dem Arbeitsprozess aussortiert und unter Umständen der Sozialfürsorge des Staates untergeschoben.

Ein gesetzliches Verbot der Altersdiskriminierung im Erwerbsleben zielt auch darauf ab, automatische Kündigungen wegen des Erreichens einer Alterslimite zu verbieten. Alter als Kündigungsgrund wäre generell verboten. Jeder Arbeitsvertrag liefe grundsätzlich unbefristet weiter. Jede Schweizerin und jeder Schweizer verfügte grundsätzlich über das Recht, bis 70 oder 75 arbeiten zu können. Wie genau das Arbeitsverhältnis ausgestaltet wäre und wann es endete, wäre Sache von Gesprächen zwischen dem einzelnen Arbeitnehmer und dem Arbeitgeber. Eine Kündigung erforderte eine sachliche Begründung, sei es wegen Veränderungen des Aufgabenbereichs, mangelnder Leistung oder Umstrukturierungen.

Man sollte sich natürlich keine Illusionen darüber machen, dass sich damit die Bedingungen älterer Arbeitnehmer auf dem Arbeitsmarkt schlagartig bessern würden. Aber durch ein solches Gesetz sähen sich viele Arbeitgeber gezwungen, ihre pauschalen Vorbehalte bezüglich einer Einstellung älterer Arbeitnehmer zu überdenken. Und was eine Weiterbeschäftigung über ein Referenzalter hinaus betrifft, müssten sie ihre passive Haltung ein Stück weit aufgeben und etwas kreativere Lösungsansätze entwickeln, als dies heute der Fall ist.

Bestimmt werden die Bataillone des Wohlfahrtsstaates solche Reformen mit Argusaugen begutachten. Dass es bei einer Flexibilisierung des Renteneintritts unter Umständen Sonderregelungen für Arbeitnehmerinnen und Arbeitnehmer braucht, die in stark belastenden Berufen oder in Niedriglohnbranchen tätig sind oder die sehr lange im Arbeitsprozess gestanden haben, ist unbestritten. Norwegen hat dies getan.

Die heutige Praxis, wie Leute aus dem Arbeitsprozess ausscheiden, ist ungerecht und diskriminierend. Die grösste Ungerechtigkeit besteht darin, dass wegen der erschöpften Schuhverkäuferin auch die Juristin oder der Controller mit 65 in die Untätigkeit zwangsversetzt wird. Eine etwas differenzierte Betrachtungsweise müsste zum Schluss führen, dass die heutige Regelung für die Schuhverkäuferin unter Umständen richtig ist, auch wenn nicht alle Schuhverkäuferinnen unter ihrer Arbeit leiden. Aber deswegen auch die Juristin nach Hause zu schicken, ohne dass sie sich dazu wirklich äussern konnte, ist volkswirtschaftlich sinnlos und persönlichkeitsrechtlich unannehmbar. Dank der steigenden Lebenserwartung dauert der Ruhestand in der Schweiz immer länger. Weil sich die Menschen länger in der Ausbildung befinden, sind sie zwar besser ausgebildet. Aber sie treten später in den Arbeitsmarkt ein. Dieses sich verkürzende Erwerbsleben bedeutet doch eine enorme Verschwendung von Humankapital.

Zudem stellt die heutige Pensionierungspraxis aus liberaler Sicht einen massiven Eingriff in die Autonomie des Einzelnen dar, weil sie dem angestellten Erwerbstätigen in einem zentralen Punkt des Lebens, der Arbeit, sein Selbstbestimmungsrecht wegnimmt. Im Gegensatz dazu verfügen selbständig Erwerbende über eine weitreichende Autonomie, wann sie mit der Erwerbsarbeit und wie aufhören wollen. Sie geniessen so Privilegien, von denen eine Bevölkerungsmehrheit nur träumen kann.

Heute haben sich die Lebensläufe und Arbeitskarrieren stark individualisiert. Bei der Pensionierung immer noch nach dem Motto «One size fits all» zu handeln, ist sachlich nicht mehr gerechtfertigt. Gerade ein würdiges Alter müsste längst darin bestehen, dass man frei ist, so lange im Erwerbsleben zu verbleiben, wie man will, und nicht zwangsweise in einen sogenannten Ruhestand geschickt wird.

Es ist offensichtlich: Die Pensionierung gehört abgeschafft!